MURDER MOST FLORID

Inside the Mind of A Forensic Botanist

人类的秘密
植物知道

（英）马克·斯宾塞——著　　　李婵——译

北方联合出版传媒（集团）股份有限公司
辽宁科学技术出版社

©2025，辽宁科学技术出版社。
著作权合同登记号：第 06-2020-178 号。

图书在版编目（ＣＩＰ）数据

人类的秘密植物知道 /（英）马克·斯宾塞著；李婵译．--
沈阳：辽宁科学技术出版社，2025.1
ISBN 978-7-5591-3471-4

Ⅰ．①人…　Ⅱ．①马…②李…　Ⅲ．①植物学 - 应用 - 法医学
Ⅳ．① D919

中国国家版本馆 CIP 数据核字 (2024) 第 052121 号

出版发行：辽宁科学技术出版社
　　　　　（地址：沈阳市和平区十一纬路 25 号 邮编：110003）
印　刷　者：辽宁新华印务有限公司
经　销　者：各地新华书店
幅面尺寸：130mm×185mm
印　　张：6.125
字　　数：140 千字
出版时间：2025 年 1 月第 1 版
印刷时间：2025 年 1 月第 1 次印刷
责任编辑：殷　倩
封面设计：何　萍
版式设计：何　萍
责任校对：韩欣桐

书　　号：ISBN 978-7-5591-3471-4
定　　价：88.00 元

联系电话：024-23280272

谨以此书，献给那些植物和逝者。

目录

引言：一通电话

　　我坐在办公桌旁，无神的双眼急需一些色彩滋养。开放式办公室里一片灰暗，缺乏自然光线。我很无聊，今天的工作感觉欠佳。这很反常，因为我有一份很棒的工作。我是伦敦自然历史博物馆不列颠及爱尔兰植物标本馆的负责人。植物标本馆是收集干枯植物的地方，这可是植物学家削尖了脑袋去争抢的工作。可是，我很无聊。又是平平无奇的一天。

　　电话铃响了，我拿起电话，以为要和某位同事通话。不是。电话另一端的声音来自一位犯罪现场调查员。对方问我是否有空协助他们调查一起谋杀案。他们在河边发现了一具腐烂严重的男尸。死者身份已经确认，据说与家人关系疏远。警方怀疑他可能被亲属杀害。据说他的心理健康状况不佳，所以自杀的可能性也不能排除。被发现时，这名男子的遗体上覆盖了一些植物。犯罪现场调查员想知道我是否可以帮忙估算一下这些植物的生长时间，这会有助于他们确定尸体在现场存了多久。

　　在询问了一些关于尸体周围植物的问题之后，我很快明白，这位调查员对植物几乎一无所知。同样，我对犯罪现场这门学问也知之甚少。我不能利用犯罪题材电视剧中的知识，因为我从来不追这类剧，除非里面有克里斯托弗·米洛尼[1]，而且电视剧和现实是两码事儿。调查员说可以给我提供一些"取证现场"的照片。仿佛察觉到我没有相关经验，她跟我说这些照片会很生动。我接受了。至少不是眼前的灰色。

她说得对，照片非常"生动"。由于办公室是开放式的，所以我打开图片的时候非常小心，以免被同事们看到我在看什么。幸运的是，办公桌的挡板很高，而我又在最暗的角落。毫无疑问，我的同事们能听到我的惊呼声，但他们并不在意，他们已经习惯了我的一惊一乍。照片记录的是发现该男子遗体的取证现场。河岸边有郁郁葱葱的植被，环境看起来像田园诗一般——除了半淹在水里的购物车和男子腐烂严重的尸体。尸体呈半裸状，仅有的那点儿衣服也几乎看不清楚，因为腐烂的尸体让衣料改变了颜色。死者的胸廓、脊柱、手臂和部分头骨清晰可见。他的牙齿露了出来。不，确切地说，因为嘴唇已经不在了，他的牙齿已经被以尸体为食的各种微生物蚕食了。腐烂就是这样，留下的要么是深炭色，要么是浅灰色，与周围夏末植被葱郁的绿色形成强烈对比。我一张张翻看这些照片，同时等待着我身体的生理反应。我能承受得了吗？感觉还好，谢天谢地。

我给犯罪现场调查员回了电话，确认我可以帮忙，现在就能前往取证现场。离开之前，我上楼去找我的同事，几位法医昆虫学家。自然历史博物馆最出名的是恐龙方面的研究，但不为人知的是，馆里还有许多其他专家，他们在各自的领域里都是世界级

---

[1] Christopher Meloni，美国知名演员、导演。——译者注

的大拿。其中有不少研究员是昆虫学家，他们照看并研究博物馆里的大量昆虫。我的法医昆虫学家同事们能通过收集昆虫的信息来估算一个人的死亡时间（法医学里把这个时间叫作"死后间隔时间"）。我需要他们的建议。作为回报，他们也请我帮个忙。他们需要我从尸体及其附近的地面上收集昆虫幼虫。他们给我讲了要怎么收集样本，怎么保存。乐意效劳吗？我说是的。他们给了我一些防护装备，因为我什么都没有。其中一位还对我做了几句鼓舞士气的简短讲话——她在与尸体打交道方面经验丰富，甚至还在田纳西州的尸研所工作过。那是一家著名的尸体研究机构，他们会用捐献的死者遗体模拟谋杀或事故现场来进行研究。

出门之后我又去了一家药店，买了些医用肥皂。倒不是我在个人卫生方面过于讲究，我开始对即将面临的事感到焦虑了。我上了火车。这是一次漫长的旅行。我绷紧全身肌肉，对即将到来的一切严阵以待。

火车到站后，我前往当地警察局，与负责此案的警官以及被任命监督我工作的法医学家会面。警官告诉我，与我通电话之后，这名男子的遗体已被移走。之后我们前往尸体发现地。那是位于英格兰北部奔宁山脉边缘的一个偏远小镇，现场是一个典型的轻工业区，有很多单层的仓库和车库，后面是一条小河，河边还残留着工业化开发之前留下的一些自然景观，植物以本地树木和灌木为主，但也有大量外来植物，比如日本虎杖（学名：*Fallopia japonica*，虎杖）、醉鱼草（学名：*Buddleja davidii* 大叶醉鱼草）、凤仙花（学名：*Impatiens glandulifera*，喜马拉雅凤仙花）等。现场入口处有一名警官把守，阻止好奇心旺盛的人进入。我们跨过篱笆向前走，很快就闻到了腐烂的味道。

步入取证现场后，我发现警方已经砍伐了大部分植物，将枝叶耙成了一堆。这可不是个好的开端。要知道，估算植物的生长时间很大程度上取决于植物是否完好无损！警官撤走了盖住取证现场的防水布。尽管死者的尸体（或者说骨架）和个人物品已经移走，但仍有不少身体组织和胃内容物大量散布在旁边的植物上。气味几乎让人无法忍受。我努力观察现场，尽量不让自己显得很没经验。警官告诉我，警方认为该男子的遗体已经在这里好几个月了，尸体曾经被洪水淹没过两三次。

气味非常浓烈。警官甚至告诉我，这是他"从警十七年来现场情况最糟糕的一次"。我克制住告诉他这是我第一个案子的冲动。我暗下决心要做好这项工作，不要显得那么菜。于是我跪下来，开始非常仔细地查看附着在植物上的腐肉。靠近之后，气味更加令人作呕。我能感觉到一阵阵上涌的干呕。我勉强抑制住呕吐的冲动，继续观察。我在看凤仙花的枝条，或者更确切地说，我在看那些清理过后留下的残根。植物都被压扁了，上面还沾着一些腐烂的人体组织。看起来尸体之前就压在这些植物上。有那么一瞬间，我的生理反应几乎要失控了，我觉得自己可能要吐了。我急忙站起身，故作轻松地与警官交谈起来。我的策略奏效了，恶心上涌的症状消失了，于是我又跪下来继续。

检查完植物后，我把我的发现告诉了警官，并且郑重声明，乱砍乱耙对植物造成了相当大的破坏——基本上，我没有什么事情可做了！不过，死者的遗体之前压在凤仙花腐烂的枝条上，这是一种一年生的外来入侵物种。一年生植物通常每年春天种子萌芽，在一年或一个生长季节内生长、开花并结出新种子。例如，常见的野生植物阿拉伯芥（学名：*Arabidopsis thaliana*，拟南芥）是十字花科（学名：Brassicaceae）的一员，可以在不到六周的时间内完成其生命周期。喜马拉雅凤仙花起源于喜马拉雅山。每年春天，最后一场霜冻后，地面上的种子发芽，幼苗迅速生长到一到两米的高度，然后开花，落下新的种子，直到秋天的第一场霜冻杀死成年植株。凭借优美的外形，喜马拉雅凤仙花于19世纪30年代被引入英国园艺界，19世纪50年代末开始野外种植。自那以后，由于多产的特性，喜马拉雅凤仙花迅速蔓延；一株一平方米的喜马拉雅凤仙花可以结出多达3.2万颗种子。在英伦三岛气候凉爽的地区，这种植物尤其常见于河边。

根据我对该地生态环境的了解，我估算这些凤仙花大约已经生长了六个月，也可以估算出死者的尸体何时将其压扁，这可以根据未被清理掉的植株的生长情况来推断。我告诉警官，根据我的观察，死者的尸体停留在此处的时间不超过两个月。

我又告诉他，我会就我的发现提供一份完整的报告，但我离开之前，我需要为我的同事收集昆虫样本。我严格按照他们的指示行事。我的同事告诉我，一旦蝇蛆吃饱了，它们就会离开食物源，埋进地下化蛹。这样做是为了避免被其他以腐肉为食的动物吃掉。我收集了取证现场周围的土壤样本，希望样本中有蝇蛹。我详细记录了每一个土壤样本的采样位置和深度。我收集完样本后，警官非常友好地提议带我去存放死者个人物品的地方。死者衣服上有很多"蛆"，我可以拿来补充我收集到的材料。

我们来到警方设在一栋工业建筑内的一个不知名的部门。我不知道这是否反映了社会对维护治安或紧缩预算改变了态度，但现在很少把警察局设在市中心。警察局一般都在一些边远地区，跟燃气、供电这些公共事业部门的办公地点差不多。警官带我进了一个房间，房间里有两三个储藏柜，用来干燥腐烂潮湿的证据。气味很难闻。尽管房间里有空调，恶臭还是无法忽略，比室外更浓。我打开干燥柜的门，一股浓烈的气味像一堵墙一般向我压来。那味道像燃烧过的汽车轮胎，掺杂着甜得腻人的茉莉花香。这种气味的成分中含有 3- 甲基吲哚，又称为粪臭素。动物尸体腐烂分解过程中会产生粪臭素和其他吲哚类化学物质，以及腐胺和尸胺。警官退到房间外，留我自己取样本。

　　我面前是这名男子的最后一件私人物品。他污迹斑斑的衣服几乎已经辨认不出是衣服。躯干和四肢处的布料因被腐肉染色而难以辨认出来。这是令人悲伤的一幕。我想起了都灵裹尸布[1]，我不知道为什么，我不是一个宗教人士。我拿着一把镊子，开始从衣服上取幼虫和蛹。很难看清，所以我需要靠得很近才行。因此，当我将昆虫放入样本瓶时，气味会更强烈。那不是氨气的味道，我的眼睛没有流眼泪。但那股味道冲击着我的鼻腔，感觉就像气味已经化作浓稠的液体被我吸入。收集完昆虫样本后，我马上直起身，关上柜门，退出房间，万分庆幸地呼吸新鲜空气。警官急忙关上房门，我告辞了。

　　在回去的路上，我的情绪还沉浸其中。我闻到自己身上不断散发出浓郁的橡胶和茉莉花味儿。我走进火车站卫生间，用早先

---

[1] 一块印有男人面容及全身正反两面痕迹的麻布，尺寸约长 4.4 米、宽 1.1 米，保存在意大利都灵主教座堂（又名施洗约翰大教堂）的萨伏伊王室皇家礼拜堂内。——译者注

买好的医用肥皂用力洗手。没用,气味还在。我还觉得有点儿恶心。我告诉自己,这其实是一种进化反应,这种感觉很正常:呕吐是咽反射的进化结果,确保我们排出有毒物质,将潜在的危害降至最低。不过,我觉得我需要解决一下这种感觉。我很饿。出于某种奇怪的原因,我决定吃一种某种程度上能象征腐烂的食物。在没有多少选择的情况下,我选了土豆沙拉,里面有蛋黄酱。随后我登上了返程的列车。在火车上,我吃得很慢很小心,每一口都伴随着思想和情绪的旋涡。

这气味一直萦绕在我的脑海。几天以后,尽管我洗过澡,换过衣服,但我仍然能闻到浓郁的腐烂气味。我知道其实已经没有了,但我还是会不自觉地去嗅自己的小臂,生怕那气味还残留着一星半点儿。我一直在思考那天河边的经历,一遍遍确认我的结论是否正确。我担心自己遗漏了一些东西,或者我的结论不正确。我会再做这种事吗?我愿意吗?是的,我已经上瘾了——这简直让人欲罢不能!现在,每次办公室里电话铃响,我都会有一种期待。会是另一个案子吗?

第 1 章 植物学、法医学和我

距离我那次强迫自己吃土豆沙拉已经过去快十年了。此后发生了许多事情。我已经不在自然历史博物馆工作了。我离开了博物馆的舒适区，决定独自勇敢面对世界。我现在身兼数职，算是组合型职业[1]。一位朋友告诉我，所谓组合型职业就是对抵押贷款的恐慌和等待邮件的彷徨——邮件意味着生意来了。我现在一般自称法医植物学家，尽管这并不能涵盖我所做的一切。我的身份还包括艺人、演说家，致力于让公众了解植物的世界。只要有机会，我也会继续进行一些我感兴趣的植物学研究。

每当我自我介绍说自己是一名法医植物学家时，我得到的第一反应通常是："法医什么？"有时候，"植物学"这个词还会引发一阵窃笑——"坚持不懈"的基因在英国人的身体里从未消失[2]。

---

[1] 组合型职业（portfolio career），管理学大师查尔斯·汉迪（Charles Handy）20世纪90年代提出的概念，指的是综合自身各种技能和专长，自主地为不同客户提供不同产品或服务以取得报酬的组合式工作方式。——译者注

[2] "保持冷静，坚持不懈"（Keep Calm and Carry On），1939年第二次世界大战开始时英国政府制作的海报上的宣传用语，最初并不为人所知，直到2000年开始被众多商家作为产品的装饰主题印刷发行，从而流行起来，一般认为其体现了典型的英国人的形象。——译者注

许多人没听说过植物学，即使听说过，他们也觉得那是园艺的代名词。植物学不是园艺，尽管园艺通常依赖于植物学家的研究和知识。事实上，植物学可以说是最古老的一门学科。自古以来，人类一直在研究植物和真菌。直到 16 世纪早期，欧洲大部分关于植物的知识都来自古希腊人的研究，如提奥夫拉斯图斯 [1] 和狄奥斯科里迪斯 [2]，而这些知识大多与医学有关。从大约 1550 年开始，现代植物学迅速发展起来。现在，植物学涵盖了植物的方方面面，包括形态学、解剖学、生理学、生态学、遗传学以及植物的分类和进化等。传统上，植物学还包括真菌的研究。今天，由于我们对植物和真菌之间生物学差异的认识不断加深，真菌研究现已成为一门独立的学科，并有了自己的名字——真菌学。二者的差异常常让人惊讶，但更让许多人惊讶的是，真菌与我们的关系比与植物的关系更为密切。动物和真菌都属于后鞭毛生物，二者在细胞结构和化学组成上具有相似性。

我能理解一些科学知识的门外汉经常对科学名词感到困惑或畏惧，但只要有一点儿毅力，你会发现其实没那么难。很多时候，你使用了这类名词却没有意识到那是科学名词。一些常见的园艺植物，如天竺葵、桉、菊、倒挂金钟等，这些名字都是植物学上的属名。同样，每次你说章鱼或河马时，你都在使用学名。其实学名本身并不重要，它只是获取信息的一个渠道。我知道这听起来有悖常理，尤其是从一位科学家嘴里说出来。但名字本质上就

---

[1] 提奥夫拉斯图斯（Theophrastus），希腊植物学家，代表作《植物志》。——译者注

[2] 狄奥斯科里迪斯（Dioscorides），希腊医学家，代表作《药理》。——译者注

是一个帮助记忆的东西，我们借由那些名字来得到我们想要的信息。比如，常见的雏菊，通用的学名是*Bellis perennis*，由卡尔·林奈[1]于 1753 年首次提出。这个学名本身并不是什么重要信息，但借由这个名字，我们能找到过去两个半世纪以来关于该植物的所有发表过的研究资料。使用学名比较不容易发生混淆。学名是一种双名制命名，由两部分组成，即属和种。本质上，属是一个集合名词，包含一系列关系密切的物种。比如说雏菊属（*Bellis*），下面还有其他的种，如一年生雏菊（*Bellis annua*）和野雏菊（*Bellis sylvestris*）。为了简化，植物学家经常用缩写，比如将*Bellis*缩写为 *B.*。那么，一年生雏菊和野雏菊就分别是 *B. annua* 和 *B. sylvestris*。要想看野生的这两种植物，必须去南欧和地中海，英国没有。

双名制命名可以让科学家同行、专家证人[2]或陪审团高度确信我所说的内容与他们的理解相当；它具有可验证性。人类将命名的概念应用于世界上的许多事物。化学中的元素和化合物的命名也是命名法的一种。这本书的宗旨就是要带领读者去认识法医植物学的世界，使用学名是其中重要一环。当我陈述我对植物的观察所得时，我需要能够传达我的想法，让我的结论可以被验证，只有通过使用准确的名称才能很容易做到这一点。

---

[1] 卡尔·林奈（Carl Linnaeus，1707—1778），18 世纪瑞典植物学家，林奈是生物分类系统和双名制命名法的创始人。——译者注

[2] 专家证人（expert witness），指具有专家资格，可以帮助陪审团或法庭理解某些普通人难以理解的复杂的专业性问题的证人。——译者注

　　我也可以选择只使用植物的常用名。但不幸的是，虽然许多植物都有标准的英文名称，但也有一些没有。更令人费解的是，植物的英文常用名在不同的地方会有很大的差异。蓝铃（学名：*Hyacinthoides non-scripta*，蓝铃花）就是个典型的例子。在英格兰，这个名字指的是蓝铃花；而在苏格兰，灯笼花（学名：*Campanula rotundifolia*，圆叶风铃草）原名就叫蓝铃花。有些野生植物可能在数十个地区各有不同的名字。一种植物在不同的地区有许多名字是很常见的现象。例如，猪殃殃（学名：*Galium aparine*，原拉拉藤）是一种一年生植物，在苏格兰东南部的低地很常见。它有很多名字，其中大部分现在已经被遗忘了，包括鹅草、八仙草、燃燃草、粘粘草、小锯草等（这些只是其中一小部分）。一般来说，学名不太可能出现这种一物多名的情况。

　　植物学名在英文中按照惯例使用斜体表示，目的是使其在页面上更醒目。在这本书里我有时候会使用 spp. 这个缩写，表示一个以上的品种（例如，*Acer* spp. 指两种或两种以上的槭树）。有时，我也会提到植物的科。与属一样，科也可以看作一种集合名词。同类的几个属就构成一个科。例如，薄荷科（学名：*Lamiaceae*，唇形科）下有许多属，包括鼠尾草（*Salvia*）、薰衣草（*Lavandula*）、百里香（*Thymus*）、牛至（*Origanum*）等。即使就这样简单列出几个名字，也能传达出很多含义，而不仅仅是这几种植物的名字。如果有人把这几个名字列出来给我看，让我说出这些植物的起源地，我会说出地中海。这些都是地中海的标志性植物，在夏季炎热干燥、阳光充足的地区常见于芳香多刺的灌木林中。

用植物帮忙打击犯罪，这样的想法对大多数人（甚至包括警察）来说，除了非常惊讶之外，还会感到一丝困惑。很多时候，别人都觉得我的工作内容主要涉及那些能让人中毒的植物。有时我确实会碰到有毒的植物，但没那么经常。最近，我遇到一个人，他认为作为一名法医植物学家，意味着我在批评城市土地规划管理的做法时要特别谨慎。就我们当时所讨论的内容而言，这是一个合理的论断，但这也确实让我感到意外。作为一名法医植物学家，我的工作主要是帮助判断谋杀等严重犯罪的发生方式和时间。植物和其他微生物会对尸体的存在做出反应。它们生长在尸体周围，可能成为包裹尸体的"时间囊" [1]，默默记录现场发生的一切。我的工作还包括寻找死者。这类案件一般都是悬案，我要帮助警方找到隐藏在植被中的谋杀受害者。植物，以及植被环境中的其他方面，可以用来帮助找到失踪或被谋杀的人。将受害者埋在树林里会留下痕迹，这种痕迹即使几年后也会存在。最后，我还会利用环境中的痕迹证据，特别是残破的叶子和果实，帮助警方将嫌疑人与犯罪现场或受害者进行锁定。人走动的时候就会接触到植物。破碎的植物（以及其他痕迹证据，如纤维、土壤、昆虫等）会附着在嫌疑人及其衣物或受害者身上。每一点儿痕迹都有助于让我们更好地推断犯罪是如何实施的。

法医植物学不是一门孤立的学科，它是"环境法医学"的一部分。环境法医学是一个包罗万象的术语，指的是自然界可以用

---

[1] 时间囊（time capsule），又称时间胶囊、时空胶囊、时光胶囊、文物胶囊、时代文物密藏器，是国际通行的纪念重要事件的一种方法。具体做法是将记载重要事件的文物、资料和实物装入密封器皿中，深埋地下，经较长时间再取出。——译者注

于取证的任何东西。来自土壤、昆虫、动物、植物和真菌的证据都属于环境法医学的范畴。分析犯罪过程如何在环境中留下痕迹是一项艰巨而复杂的任务。研究腐烂物质的化学变化和微生物世界多样性的新科研领域，为环境法医学在法庭上的应用带来了更加光明的前景。后面我将就此进行更详细的探讨。

　　虽然犯罪题材电视剧很吸引人，但其内容却与现实相距甚远。《犯罪现场调查》[1]可以说是最著名的一部。剧中，男主吉尔·葛瑞森的超凡表现经常让观众大呼过瘾：他凭借灵活的思维和对几个八竿子打不着的学科的精通解决了无数案件。他是法医昆虫学家，但在犯罪心理学、指纹识别、脱氧核糖核酸分析、枪击残留物勘验等方面似乎也很在行。不幸的是，我们大多数人真的没那么有天赋。如果你遇到一位自称拥有如此广泛能力的法医专家，我建议你最好秉持怀疑态度。很多时候，可能需要数年时间才能在法医环境学的某一个分支领域充分磨炼你的技能。在电视剧里，先进的计算机设备、旋转的神秘机器和五颜六色的试管放大了科学的光环。哦，还有实验服。如果你专业，你就必须有一件实验服。而且，通常是崭新的。我读博的时候，我的实验服总是看起来好像我刚挖完土豆回来。确实，可能有一些现代科技可用，但通常，只要仔细观察，再配一台高质量显微镜就足够了。电视剧常常强调高科技，让观众觉得案件可以通过使用某些仪器眨眼之间解决。通常情况下，事实并非如此。现实中，这项工作通常非常耗时，靠的是经过时间检验的成熟技术以及对某一学科领域的

---

[1]《犯罪现场调查》（*CSI: Crime Scene Investigation*），美国 CBS 电视台播出的系列美剧。——译者注

透彻理解。就我而言，这个领域就是植物学。

在我生命的头四十多年里，我从未想过我对植物的热爱会带我踏上这段旅程。我从来没有想过植物和我可以在分析犯罪行为如何实施上面发挥作用，或者说我的知识可以为逝者的亲友带来安慰。

毫无疑问，保密性至关重要。你都想象不到有些人会怎样挖空心思从你这里骗取信息。我对此非常谨慎，因为我在自然历史博物馆工作时曾被一名记者骗过（在一件与法医无关的事情上）。现在，我已经十分擅长既夸夸其谈畅所欲言，又不涉及工作中任何实质性的东西。在一个案子上法庭之前就知道发生了什么，这是一种奇怪的经历，就像在新闻上看到报道而你私下里知道一些"真相"一样。但我必须令你们失望了：如果你读这本书是希望从中找到你曾在电视上看到的某个案子的一些"内幕"，那你可能需要去网上冲浪了。虽然我借鉴了我参与过的案件，有些地方还直接引用了其中一些内容，但我略过了与姓名、地点相关的关键信息。此外，我也没有去详细描写真实案件中的证据。这样做会损害我的职业声誉，而且可能影响调查结果。事实上，我参与的一些案件仍在调查中，特别是失踪人口案。即使已经上了法庭，当事人也有可能提起上诉。对我来说，最重要的是，这类案件中逝者的亲朋好友若听到案件再被人提起，一定会很难过。因此，在谈到或写到我所做的法医工作时，我总要确保涉案者匿名。我特别害怕某位观众或读者指出我刚刚在谈论他们所爱之人的死亡。我知道这不太可能发生，但万中有一。有时候我会用到司法记录已经公开的案件。这些案件我没有参与，但能支撑我的观点，或者涉及我没有使用过或没有专业能力使用的技术。例如，我会谈到在 20 世纪 30 年代飞行员查尔斯·林德伯格之子谋杀案和 2004 年约克郡乔安娜·纳尔逊谋杀案中，法医植物学在案件调查中所发挥的作用。

参与了第一个案件之后，我迅速学习了刑事调查是如何组织管理的。我很快发现，那是一个复杂的体系，不同职能的人有不同的思维方式，他们的背后有不同的权力部门。每次我遇到刑警队或犯罪现场调查团队，我都需要去了解他们的行事风格和习惯。我想他们面对我也是如此，他们可能在想："那个研究花的家伙在干吗？"

一般来说，大多数警方都是按照以下方式组织办案团队的：犯罪现场通常由犯罪现场管理人（CSM）全权负责，他们负责监督犯罪现场调查员（CSI），有些地方也称犯罪现场警官（SOCO），他们的职责是保护和管理犯罪现场。有些警官会具备法医学某些领域的专业知识，但通常他们的工作是从犯罪现场识别、记录和收捡法医学证据。正如诺丁汉警方网站上所写的："与《犯罪现场调查：迈阿密》不同，诺丁汉的犯罪现场调查员不会自己分析证据或逮捕罪犯！""犯罪现场管理人"是工作中与我接触最密切的警察。

除了犯罪现场调查员之外，还有警方搜查顾问（PolSA）。他们都是得到授权参与调查的办案人员。这里请恕我直言：他们往往是团队中最彪悍的莽汉。我这么说并不是不尊重他们；他们的工作非常辛苦。你经常会在电视上看到这些人雷厉风行地进行搜查。他们必须彪悍，无论头脑上还是体格上。他们有些人体格就像推土机一样，不费吹灰之力就能将我劈成两半。我常常会不自觉地被那些断了鼻梁的面孔所吸引。他们通常也很有趣！犯罪现场经常会让人精疲力尽或情绪沮丧，有时确实需要一点儿让人轻松的空气。

大多数时候，我与警方搜查顾问、犯罪现场调查员和犯罪现场管理人合作。警探不时出没。并不是他们不敬业，而是他们往往还需要去其他地方。有时调查中会涉及不止一个犯罪现场，或者他们可能需要询问证人或嫌疑人；他们经常手上还有其他案件。总的来说，我发现警探似乎是团队中压力最大的，而且坦率地说，他们有时也很暴躁。我认为这不一定是性格缺陷；他们的工作压力很大。我可干不了这活儿。不是说找线索破案不行，而是要和杀人凶手打交道，其间你还得做到公平、公正、不偏不倚。有很多东西要平衡。

远离犯罪现场，驻守在警局总部的是文职人员。经费支出都是从他们手里批的。在任何组织中，担任这一角色的很少是最受欢迎的员工；根据我的经验，警局也是如此。有时我对此会深有感触；时间一分一秒过去，经费申请犹如泥牛入海。而且，对于我和其他从事法医学工作的生物学家来说，时间就是我们的公敌。现场或证物经历的时间越长，活的或死的生物体发生变化、分解或丢失的可能性就越大。待在集中供暖的办公室里的人总是容易忘记，户外、季节以及犯罪现场的植物和动物都会发生变化。这会严重影响从现场获取有价值的生物资料的效率。有一次，我等了足足十八个月才被叫到犯罪现场勘查植物。植物勘查有时候很简单，我只要将犯罪现场的植物列个清单就行。这种勘查非常重要，是我开展工作的基础：我要将证物中的破碎植物与犯罪现场的植物进行比较。关键问题是，不是植物学家，往往不会意识到许多植物是季节性的：春天很容易看到，秋天就没了。因此，如果要等待六个月或更长时间再做现场勘查，我的工作就会困难得多。

与警方协同工作的还有来自司法鉴定机构（FSP）的专家。这类机构都是商业公司，他们提供的服务，警局内部可能没有专门的部门做这方面的工作，或者由于资源限制无法兼顾。有时，如果警力都在别处办案，警方可能无法将自己的专家部署到犯罪现场。这种时候，警方就不得不从司法鉴定机构那里购买这类专业服务。如果司法鉴定机构需要我的专业知识，他们会把活儿再包给我。据我所知，没有哪家司法鉴定机构有自己的法医植物学家，我们是非常小众的！作为法医植物学家，我的工作意味着我也是专家证人。如果有必要的话，我会出庭阐述我所做的工作和得出的结论。

第 2 章 取证现场

现在是二月，离我参与第一个案子差不多一年了。我蜷缩在一辆拥挤的警车后面，外面车流密集，透过溅满雨水的车窗，我只能看到前面车辆红色和橙色的尾灯。我们不时会被迎面而来的车子大灯晃得睁不开眼。前一天，我正坐在博物馆办公室里，桌上的电话响了。打电话的人告诉我，警方在一块荒地上发现了一具男尸。那片荒地是几十年来修建运河、铁路和公路的过程中形成的。警方迫切需要确定尸体在取证现场多长时间了。死者可能是意外死亡、自然死亡、自杀或第三当事人谋杀（现场谋杀或在其他地方谋杀后将尸体运至现场）。可想而知，这类死亡总是涉及第三当事人。

驱车前往现场的路上，犯罪现场管理人介绍了案子的背景以及尸体是如何被发现的。大约二十分钟后，车停在了主干道边。前面还停了两辆警车。下车时，我打起精神，准备会见负责此案的警官。我总是有点儿害怕这种正式引荐的场合。我对别人的名字记忆力极差，往往眨眼就忘。有时为了减轻这种恐惧我会开个小玩笑，说希望对方是一种植物或真菌，这样我就能记住他们的名字了。现在当然不是开玩笑的时候，所以我尽量让自己看上去

25

全神贯注、精明强干。这不太难，天很黑，还下着雨，我们凑在一起听案情介绍，彼此都看不太清对方。这是我第三次听这个案子的背景介绍了，这次是由一名警探来讲。有了将近一年参与刑侦法医工作的经历，我已经学会了不要表现出不耐烦，尽管我确实有一点儿。我知道重复很有用。重复能让人更好地理解案情，而正如我所发现的那样，重案调查是各组人员协同进行的，这些团队拥有自己的层级系统和决策过程。每个团队——包括司法鉴定机构、犯罪现场管理人、警方搜查顾问和警探——都需要了解已知情况和接下来的计划，这一点至关重要。对于像我这样缺乏经验的新手来说，这种情况可能会令人困惑。谁说了算？我尽量表现得自信，不要被他们的缩写术语唬住。

那块荒地是一片三角地带，进入之前，我们先得接受健康安全谈话。主持这场谈话的是一名警方搜查顾问。他告诉我们，进入取证现场要经过一段非常陡峭的路堤，有些地面是沼泽地。我忍不住内心呻吟，心里嘲讽道："谢谢你告诉我们泥巴的事！这不跟告诉园丁玫瑰有刺一样嘛。"警官继续说，因为附近有公路，车流很多，所以不要走到路上去。我的内心又响起嘲讽的声音。仿佛为了加深我的痛苦，这位警官还特别关照我，好像这是他面向我的个人谈话。我怀疑他认为，因为我不高大魁梧，所以我很娇弱。我一点儿都不娇弱！我愉快地对他说："我们植物学家非常习惯这种地形，我们最喜欢的莫过于沼泽地了。有一次我为了探索一片迷人的湿地，脱得只剩一条内裤，在亲友间传为美谈。"具体的细节我就没给这位警官详细讲述了。

路堤确实很陡，很滑。和我一起往下走的是一位女士，在我接下来的工作中她对我非常重要。她叫苏菲，是一名法医人类学家。人体骨骼的研究作为现代医学的一部分，催生了许多分支学科。在这些学科中，法医人类学的诞生是为了了解人类（有时是非人类）活动对死者遗体的影响。法医人类学家经常被召到犯罪现场，但他们的工作并不局限于此。意外死亡或自杀调查也可能需要用到他们的技能。我们一边走着，苏菲一边向犯罪现场管理人追问案件的细节。她想了解更多关于尸体的情况，她还问了尸体自发现以来是否受到破坏。从她的眼神我可以看出，如果他们这么做了，她会不高兴的。苏菲很直率，我能感觉到她很受尊重。坦白说，我很喜欢她。爽快干练，从无废话，这种待人接物的方式很吸引人。她并不强壮，但我可以看出她的直率令一些人感到害怕。真是别具一格。而我也能理解她为什么这样。人们身处团队中的时候会有一种可怕的倾向——遇事踌躇，拿不定主意该怎么做，而苏菲想要并且需要让事情有所进展。这不仅仅是不耐烦，还有许多原因需要我们采取迅速而又慎重的行动，其中最重要的原因就是需要保护尸体。

犯罪现场管理人介绍说，警方并不确定死者身份，但他们认为这些尸骨可能属于一名十年前失踪的男子。此时光线尚可，我们可以清楚地看到地面和植被。去年夏天的植物，花梗依然挺立着。土田七（学名：*Anthriscus sylvestris*，峨参）的茎叶呈放射状，旧象牙色，与之形成鲜明对比的是荨麻（学名：*Urtica dioica*，异株荨麻）、鸡脚草（学名：*Dactylis glomerata*，鸭茅）和黑莓灌木（学名：*Rubus* spp.，悬钩子），腐烂的枝条形成一片了无生气的褐绿色。我们继续向前走，植被逐渐消失；我们来到一座立交桥下，地面几乎是光秃秃的，大概很多年都没有一滴雨落到过这里了。这里曾经是鲜花盛开的河谷，现在却变成了干涸碎裂的黏土，上面覆盖着一层从附近公路吹过来的枯叶和垃圾。在粉碎焚烧过的生活垃圾和汽车零部件残骸中，还能看到野宿的痕迹。看来年轻人玩得蛮开心。

现场已经做好了犯罪现场路径。这样做的目的是尽量减少对现场的破坏，保护证据。尽管一直宣称要努力做自己，但我们人类的行为还是可以预测的。想象一下你犯了罪，时间是深夜，你需要快速逃离以免被发现。此时，几乎所有人都会追踪他人的脚印，选择已有的路径。因此，犯罪分子倾向于沿着经常在乡间遛狗的人和喜欢野外活动的人已经开辟的路径行走——至少是他逃跑路线的一部分。这条路径是需要保护起来的，以免证据遭到破坏。警方要另外规划一条进入现场的路线，这就是犯罪现场路径。这条路线上应该没有人为活动的痕迹，确保现场所有痕迹证据保持完好无损。

当我们走近取证现场，我们就明白了为什么这名男子的尸体一直没被发现，尽管周围明明有近期人类活动的痕迹。尸骨几乎完全掩埋在黑莓灌木、荨麻和苔藓中。大部分衣服已经因风化而降解，残存的布料都染上了周围植物的颜色。只有头骨清晰可见——不过那也是我们站在尸体旁边时才能看到。

苏菲和我开始更仔细地勘查取证现场，同时又要小心不碰任何东西。我们需要做的第一件事是大致确定尸体在灌木丛中的位置。光线越来越暗，很难看清。天气也开始变得很冷，风越来越大，空中飘着雪花。苏菲问我怎么想。毫无疑问，这是在委婉地测试我的能力。在我看来，尸体应该已经在这里很久了，至少几年了。现场周围有两种树苗：悬铃木（学名：*Acer pseudoplatanus*，欧亚槭）和欧洲白蜡树（学名：*Fraxinus excelsior*，欧梣），有一些长在非常靠近尸体的地方。大部分看起来都有几年的树龄。掩盖在尸体上的黑莓灌木也差不多是同样的年龄。所以，尸体应该在这里很长时间了，大部分时间独自一人，除了偶尔有成群结伙的不良少年和疲倦的露营者陪伴之外。

花了一个小时勘查现场后，我们退到路堤上讨论如何继续。时间已近黄昏，天气变得很糟糕。气温下降了，冰冷的雨水刺痛了我们的脸。苏菲和我向犯罪现场管理人和警方搜查顾问汇报了我们的初步勘查结果。警探们已经离开。那时候我已经知道这种情况经常发生，他们总有地方去。我们一致同意接下来必须采取行动。最重要的是确保今晚现场安全。这意味着一些不幸的初级警员必须得在这里过夜了，以免好奇心旺盛的人或犯罪分子破坏现场。另外，尽管这名男子的尸体已经在此幕天席地多年，我们还是需要搭个帐篷将他保护起来，减少被破坏的可能性。

警方搜查顾问团队被派下来搭建帐篷，用沙袋或附近能用的任何重物固定绳索，并设置照明。此时天气十分恶劣。他们做这些事的时候，我去查看了附近的植被，既是出于好奇，也是想了解近几年这里做了哪些绿化管理。知道这一点会有助于我更好地了解取证现场。经过仔细观察，我发现许多悬铃木和欧洲白蜡树实际上比初看要老。看起来小是因为这些树曾经被砍过，之后又重新长起来的。新长的部分看起来不超过十年。苏菲专注于记录尸体的位置和状况。我凑过去，一方面想了解更多，另一方面我也需要更仔细地观察尸体周围的植物。此时，取证现场周围和犯罪现场路径上已经铺设了金属踏板。踏板的作用是让身体重量施加于地面的压力分散，防止地面上未被发现的证据受到破坏。

苏菲对尸骨的检查非常仔细，努力寻找损伤的迹象。骨头上已经没有肉了，只有非常轻微的腐烂气味——即使我们的鼻子离骨头很近。苏菲没在骨头上发现任何暴力损伤的迹象。不过，现在已经很晚了，光线很差，所以她不想现在开始收捡和记录工作。苏菲需要几个小时来记录骨骼的位置和现场的个人物品。我需要记录尸体周围主要植物的位置，并对其进行更仔细的勘查。之后，苏菲会收捡该男子的尸骨和个人物品。放入物证袋之前（较大块的用盒子装），每一件都要拍照。我们明天还得再来。我们又一次艰难地爬上陡坡。此刻，沉重的脚步声和昏暗的光线让这里透出些许危险的气息。到了路堤上，苏菲向犯罪现场管理人做了简短的汇报。我们的结论是，该男子的遗体大概已经在此多年，可能长达十年。

法医学肯定不全是光鲜亮丽。那天晚上，我们浑身泥泞，疲惫不堪。警方给我们订了附近的酒店。典型的路边工作模式，足够了。到达酒店后，苏菲和我各回房间，快速打理一下，然后回到楼下吃晚饭。我在亲朋好友中是出了名的"吃货"。别看我身材苗条，但我有罗马皇帝的胃口。我喜欢食物，我喜欢很多食物！我点了餐，上来之后却大失所望。苏菲热衷于谈论案子和我们的勘查结果。经过这么多年，我现在已经知道这就是她的典型作风。她可以连续工作几个小时。我经常会发现，如果我们做一个两三天的活儿，她会工作到午夜之后，写笔记或处理手头的其他案件。我做不到，我真的需要睡眠！尽管有些方面我们差异很大——她是一位已婚母亲，有一个年幼的儿子，我未婚，无子女，但我们也有一些地方很相似。我们都觉得人有时候很烦人，我们的耐心都留给了植物或死者。我深深感谢苏菲多年来给予我的非正式指导。我不是法医学科班出身，但如果我要改弦更张重新开始的话，我肯定会考虑学一门法医学的课程（这类课程现在越来越多了）。以我的职业生涯来说，我进入法医界是比较晚的，这让我的经历非常有趣，但如果经过正规学习的话，这种职业的转变会更容易一点儿。我很幸运能得到像苏菲这样经验丰富的专业人士的帮助，他们在我的职业生涯中给予我指导，教会了我很多。苏菲有在警局工作的丰富经验，近几年又受雇于私人公司。她的指导对我的专业发展起到了不可估量的作用。这些年来，我从来没有听她说过一句对我们经手的案件中的逝者表现出轻视或冷漠的话。她说话时语气里总带着一种深沉的感情，一种知道自己所做的事十分重要的庄重肃穆感。

在餐厅里谈论谋杀和腐烂的尸体是相当奇怪的，也需要非常小心谨慎才行。我们用低沉的声调和委婉的语言交谈。我们的眼睛偶尔四下张望，看看是否有人偷听我们的谈话。正谈着，苏菲的电话响了。她接起电话。我一边听她对着电话里说"嗯""是""好的"，一边吃我那盘糟糕的蒜蓉蘑菇。蒜蓉蘑菇怎么能做成这样！通话结束后，苏菲看起来很担心。她告诉我，负责此案的高级警官希望第二天早上与我们会面。我们要去一趟警察总署。我们被传唤了。我们怀疑这是因为我们的结论与他们的预期不符。现在必须睡觉了，明早我们需要清醒的头脑。

洗漱的时候，我在脑子里把勘查过程和结论都过了一遍，希望自己没有忽视什么。我担心自己会闹笑话。当我闭上眼睛时，我的脑海里充满了落叶、枯花梗和尸骨的影像。我睡着了。

第二天早上我状态不佳。住在一间空气沉闷、色彩单调的酒店房间里并没有改善我的精神状况。我拖着沉重的脚步去吃早餐，尽可能多喝咖啡。半小时后，我们到了警局会议室。家具很旧，污迹斑斑。犯罪题材电视剧总想模仿普通英国警局的阴郁气氛，但从未真正做到过。事实上，英国警局通常是很糟糕的地方。那些抱怨公共部门和治安水平的人，应该将他们送到当地警局体验一个月，最好是擦地板，用牙刷！我最近去过一个大城市的警局，那栋建筑建成没几年，但已经有了破败的迹象。地下室有"请勿投喂老鼠"的指示牌，陪同的警官告诉我电梯灯经常失灵。言归正传。我们坐在散发出一丝难闻气味的椅子上，等待会议开始。几名警探和高级警官走进来落座。虽然不能说现场的气氛充满敌意，但他们似乎对参加这个会不太高兴，有些人似乎也不太高兴见到我们。苏菲悄悄问我是否没事。我回答说"是的"。确实如此。

其中一名警探一直盯着我看。他五十岁出头，显然是一名经验丰富的警官，看起来工作上的事已经让他烦透了，办案以外的事他更是毫无耐心。我能感觉到他的厌恶。会议开始，职级最高的警官——就叫他老板吧——先做了自我介绍，然后又介绍了房间里的其他人。苏菲随后开始总结我们迄今为止的行动，并汇报了我们的初步勘查结果——尸体似乎已经在现场多年，可能长达十年。然后她转向我，请我阐述自己的结论。老板的目光在我身上闪过。他感谢了苏菲，让我继续。

我很快决定，是时候表现自己了，但不要表现得鲁莽，咄咄逼人。我也不想让苏菲受到指责，这些人都认识她。我决定冒险一试。我表示，在开始讲有关植物的内容之前，有必要解释一下，虽然我看起来像一名来自伦敦象牙塔的学者，但我对英伦三岛的植物很了解，我有"现实生活经验"（管他什么意思呢！）。尽管我是在向他们的老板讲话，但我不时看向房间里的其他人，尤其是一直盯着我看的那个人。我简短的讲话结束后，那位高级警官微笑着感谢了我的坦率，然后让我继续。几名警探懒散地靠在椅背上，不情不愿地开始听我说话，包括一直盯着我的那位。

我对他们说，现在的勘查结果是暂时性的。我们完成现场勘查和记录后，我会回到博物馆用标本进行比对，之后我才能得出最终的结论。此时，在我的法医生涯开始没多久的时候，我已经学会了在确信自己已经做了所有必要的事情证实自己的结论之前，不要给出最终结论。接着，我又表示，有证据表明，尸体周围的植被至少有六岁，很可能更老。我概述了如何通过观察树苗的分枝和叶芽留下的疤痕来粗略估算树龄。我还大略讲了我对尸体周围黑莓灌木的观察，这也使我得出结论，尸体已经在那里很长时间。如果尸体是近期才到那里的，这些植物根本不可能长成现在这样。我感觉到警探们慢慢产生兴趣了，他们开始问我奇怪的问题，他们由衷地感到惊奇，"花"竟然可以帮忙确定尸体在一个露天场地上躺了多久。他们接着讨论下一步的工作如何进行，然后我和苏菲回到了现场。

到了那儿，我们发现现场一片混乱。一夜之间，大风卷起一个帐篷，甩到了旁边的铁路栅栏上；另一个帐篷塌了，瘫在地上。一名夜间值班的警官表示，他们已经尽了最大努力才没让现场更乱，但风太大了。我们花了半小时左右的时间帮警察搜查顾问恢复了现场。然后，苏菲和我继续我们的任务，记录现场并收捡尸骨。

苏菲和我小心地从植物的包围中取出死者的头骨。苏菲仔细检查，寻找创伤的迹象。头骨是一种美丽的东西，手持头骨绝对是一种深度的"亲密"接触。我只拿了一会儿，判断是否可以通过沾在上面的植物获取任何信息。除了朝向阳光和雨水的部分表面上长了薄薄一层绿藻之外，几乎没有什么可观察的。一小根常春藤（学名：*Hedera helix*，洋常春藤）爬在头骨上，下面连着一点纤维状的根。此外还有两三缕苔藓。总而言之，所有这些只证实了头骨已经在此存在了至少一个生长季节。我们需要更多信息。

我轻轻地把头骨递给苏菲，她小心翼翼地放到一个盒子里，盖上盒盖，在她的本子和盒子上做了记录。然后由警官接手，将盒子锁在了警车内。慢慢地，随着我们一点点清理落叶、细枝和苔藓，死者的脊椎骨、肋骨和上臂露了出来。他的大部分衣服都腐烂了，但裤子的口袋和裤腰、腰带，夹克和衬衫的袖口、衣领仍有一些碎布残留。这个过程中我们发现了他的个人物品。所有的东西都一一记录下来，装进盒子或袋子里保存。缠绕在尸骨上的植物不时会妨碍我们的动作。虽然我非常希望能尽量多保留植物下部的枝条和根茎，但是为了让苏菲能够完成她的工作，我们还是不得不从上部剪断。我拿出整枝剪开始干活儿。我围着尸骨走来走去，感觉好像在进行一台奇怪的手术。不知何故，我觉得有点儿荒谬，好像多此一举。我完成了修剪工作，整理了笔记，然后等待苏菲收捡剩下的尸骨，这样我就可以继续处理缠在尸骨上的植物的下部枝条和根茎。大部分都是黑莓灌木。我估算了每一株的年龄，记录下来，又收集了一些供进一步检查。现在是下午 3 点左右，我们已经在现场待了几个小时，大部分时间都用手和膝盖着地。天气没有之前那么冷了，雨夹雪已经停了，但我们需要休息一下。我们又一次爬上路堤，喝杯热茶，吃一块三明治、一块巧克力。我发现，按照警方的标准，这算是一顿好饭。他们很多人工作时的饮食很糟糕！ 15 分钟后，迟来的午餐吃完了，我们又下到路堤下面，坡更滑了。

苏菲继续测量并记录现场。她在整个现场铺了一条长卷尺，在此基础上再进一步测量。现场的主要特征，比如较大的树木、汽车轮胎等残骸的位置，当然还有尸体的位置，都被一一记录下来，并绘制在比例图上，稍后将以电子绘图方式呈现，以供报告使用。我开始砍伐树苗，我想带回一些树干样本，进一步检查，确认树龄。黄昏时分，我们的工作完成了，我乘火车回家。回到伦敦后，我需要绕道去博物馆，把样本存放到一个安全的储物柜里，我怕弄丢或者被偷。到家时已经快夜里 11 点了，我倒头便睡，膝盖疼。

第 3 章 成为一名法医植物学家

面对死者是一种严肃又紧张的体验。有些案子，遗体发现后不久，我就被叫到犯罪现场。可以说，我见证了死者一生最后的时刻。案件调查初期，有时我们不知道死者是如何死亡的，也不知道他是如何来到现场的。他的遗体往往就是他所遭遇的一切的证明。我见过自杀者的遗体，有的躺着，有的半坐着，好像在看这个世界最后一眼。还有一些遗体，充分证明了生活的偶然性，比如不幸跌落身亡或车祸死亡。暴力犯罪的受害者，受损的骨头和残破的遗体昭示着他们死亡的真相。从他们的遗体上往往还能看出他们在死亡的那一刻表现出的精神状态。我见过一名被先奸后杀的年轻女子，从她腐烂的四肢能看出她极度恐惧。她孤零零地躺在沟里，秋叶飘落在她身上，给了她生命最后的尊严。

所以我经常会被问道："你是怎么面对这些的？"总的来说，我感觉"很好"——非常英式的回答！这并不是否认我所经历的东西，恰恰相反。人们总想知道我是如何做到在情感上让自己和罪案拉开距离的。到目前为止，在我的职业生涯中，我所做的恰恰相反。我没有与受害者拉开距离，我觉得我和他们很亲密，尽管我永远不会知道他们究竟是怎样的人。我觉得我和他们紧密相连，我想更多地了解他们。我非常关心他们，包括他们的家人和朋友。话虽如此，我却不会担心在办案过程中无法理性地扮演自己的角色。我把情感藏在心中，行动上确保自己做好本职工作，不出任何差错。有时我参与失踪人口调查，找不到人的时候会非常沮丧。但必须承认，调查要仰仗许多学科知识和目击者准确的证词。弄错一块拼图就很难找到人。当我为了搜寻死者奔波于英国各地时，我知道受害者就在那里，甚至可能就在我的视线范围内，这种时候我都会感到难过。我经常会在接手新案件后上网了解案件的背景。我关注的往往不是记者报道的内容，而是当地的环境和植物。有时这些对我来说是有用的信息，但有时也只是出于人类的好奇。我绝对不是那种目不转睛地围观高速公路车祸的人，但就我的工作而言，事先尽可能多地了解案件确实有帮助。

对我来说，腐烂的肉体和骨骼并不可怕。真正的恐惧存在于罪犯的脑海中。辗转反侧的夜里，他们一定会在脑海里重温他们所做的一切。死者的遗体美丽而复杂。具有讽刺意味的是，尸体反倒被生命占据。腐烂物质的微生物世界极其复杂，为法医学提供了许多研究途径。我不会盲目乐观地认为我会永远"很好"，迟早我会发现自己没法再做这些事情。但是，这是值得的。我们所做的事是尽最大努力为死者伸张正义，为生者带来安宁。身为其中一员，我深感荣幸。到目前为止，在我的职业生涯中，我只偶尔感觉到剧烈的情绪波动。那一次，受害者与我的一个家人惊人相似，让我非常不安。

不过我也很幸运，我可以逃离，想办法减压，这只是我的兼职工作。与全职从事这项工作并且做了很多年的人密切接触也让我得以了解他们。他们有些人无疑有精神创伤，少数人会因社会没有真正理解他们而忿忿不平。无论身体上还是精神上，这都是一项非常艰苦的工作。我刚开始做这个工作的时候，我的一些朋友和家人特别害怕，大部分都不想听我讲我参与的案件。起初几年，我的伴侣非常担心我会因工作而情绪失常，还担心我会被犯罪分子盯上，可能受到伤害，甚至想象着我会成为嫌疑犯同伙的目标。我必须承认有这种可能性，但我怀疑我死于误食毒蘑菇的可能性更大——我喜欢在野外觅食！

尽管大家都焦虑不安，但我们大多数人都不太可能受到伤害。欧洲的凶杀率在全球范围内是比较低的，每年每 10 万人中约有 3 人被故意杀害。相比之下，非洲和美洲的凶杀率分别为 12.5 和 16.5。而在欧洲范围内，英国的凶杀率又算低的，2016 年有 571 起凶杀案（每 10 万人中约有 0.9 人被故意杀害）。尽管近年来英国暴力犯罪有所增加，但与世纪之交时相比，整体水平还是低的。2001/2002 年度，英国有 891 起凶杀案（每 10 万人中约有 1.5 人被故意杀害）。

凶杀率的整体下降和近期的回升引发了热烈讨论。不光学术界，新闻界和政界也在讨论。我列出上述粗略数据，一是为了强调我们确实生活在一个非常安全的社会中，二是为了说一说我的工作中看起来很奇怪的一点。大部分人都愿意把年假安排在学校假期和法定节假日前后，或者在他们觉得自己无法再容忍老板的时候。而我安排年假的原则是避开我的工作高峰期——通常是 10 月到次年 3 月。据我所知，这几个月里，暴力犯罪没有显著增加。众所周知，隆冬时节，入室偷盗更加频繁。但我还没有找到任何证据能够表明，在节日餐桌上少了抱子甘蓝之后，凶杀案更为常见 [1]。那么，为什么一年中我那个时候最忙呢？

看起来，我不得不在一年中最潮湿、最寒冷的月份在户外工作的原因可能要归罪于——树上没有叶子了。从根本上说，就是树枝变得光秃秃会让人更容易注意到死者。人类是视觉动物，虽然我们的嗅觉相当好，但远远不如许多其他动物。发现尸体后报警的大多是遛狗的人，而且通常是宠物狗让他们注意到死者的存在。由于嗅觉灵敏，狗比人类更容易发现尸体。狗闻到异味后会去寻找源头，尤其是没带牵引绳的情况下。如果林间枝繁叶茂，一条狗跳进灌木丛，主人就不太可能看到是什么惹得猎犬兴奋。而当树叶飘落后，我们鼻子闻不到的东西，眼睛就能看到了，尸体就暴露出来。我没有确凿的证据证明这一假设，不过这种推断确实说得通；对于为什么一年中那段时间我被召唤到取证现场的次数最多，我也没有其他合理的解释。

我不记得我是如何爱上植物的。很可能，我没有爱上——我生来如此。母亲告诉我，从她有关于我的记忆起，我就会对植物做出反应。我是 6 月初出生的。1968 年夏天，我基本上还不能活动的时候，妈妈会把我的婴儿车放在花园里的一棵白蜡树下。我会在那里待上几个小时，心满意足地盯着下垂的树枝和宁静的天空。也许这就是为什么由于一种侵入性真菌的意外引入，我们的白蜡树即将损失多达 95%，这件事让我感到特别痛苦。

---

[1] 抱子甘蓝（*Brussels sprout*）是英国常见的秋季蔬菜，入冬后从餐桌上绝迹，故有此说。——译者注

等到我会爬了，妈妈说我仍然是最听话的。她需要做的就是把我放在祖母家的草坪上。我会坐在种满羽扇豆、飞燕草、鸢尾花和玫瑰花的花坛前，长久地凝视。也许她本该担心的。我大约3岁的时候（当时我还不记事），有一天，我让我们可爱的邻居艾尔希伤心欲绝——我拿着一把剪刀、一只篮子，把她所有的玫瑰花都剪了下来。更要命的是，我还不遗余力地把那些还没开放的花蕾也剪了——只剪了花苞，没剪花柄。然后，我把那些遭了殃的玫瑰花整整齐齐地码放在篮子里，敲响了艾尔希家的门，期待着她表现出喜悦。妈妈告诉我，艾尔希表现出了坚强的意志力。她平静地接过篮子，把我带到她那变成了一片纯绿的花坛前，给我讲如何正确剪玫瑰花，这件事需要大人陪同。毋庸置疑，后来她进了屋，把丈夫丹尼斯臭骂一顿。她显然原谅了我，因为我童年记忆中的一个场景，就是采摘丹尼斯种的豌豆，然后和艾尔希一起在后门台阶上剥豆——大部分都进了我嘴里。

我真正记得的第一个植物是风信子。有一天，一个风信子球茎出现在我儿时家门口的台阶上。几十年后的今天，我仍然可以指出那个确切的位置。球茎表面紫红色的薄皮带着珍珠般的光泽，完全把我迷住了。我本能地拾起来，跑向母亲的玫瑰花坛——就在我早先"血洗玫瑰案"犯罪现场的对面。我用手在花坛里挖了个浅坑，把球茎放进去，尖的一端朝上，然后用土盖住球茎下部将其固定。我欣喜若狂。我盯着它，等待着什么事情发生。没有人教过我这么做。不知怎的，我就是知道。种下那枚球茎是独属于我自己的珍贵而私密的快乐。接下来的几周，我静静看着它开始生长，新生的叶子很光滑，那浓郁的绿色令我着迷。当我终于看到花蕾从绿色的苞叶中冒出头来时，我越发焦躁，都等不及了！一天早上，我跑出家门，想看看是否有盛开的鲜花在迎接我。然而，等待我的却是一个浅坑，球茎不见了。我痛苦万分，我想知道发生了什么！经过"审讯"，母亲供认不讳。她给花坛除草，不知道球茎的重要性，把它挖出来扔掉了。我愤怒、痛苦、失落。妈妈内疚地给了我房前墙下的一块地，以做弥补。我接受了。我有了我的第一个花园，我可以在里面种薰衣草、小萝卜和金盏花。

我讲这些不只是想用我的童年趣事来吸引读者；我对植物的长期热爱意味着我汲取了很多信息，这些信息说不定什么时候会对我有用。对大部分人来说，植物和花朵带给我们的是快乐，我们不会将其与人类黑暗的一面联系到一起。大家很难将两者联系起来，我认为主要原因是我们大多数人根本不去注意植物，尽管植物一直存在于我们的生活中，你每天早上拉开窗帘第一个看到的是自然界中的植物。这种现象叫作"植物盲"[1]。造成这种现象的原因有几个。首先，植物的运动与我们不同，植物不会像动物那样跳跃、行走、飞行或游水。但是植物也动，有时还很快，只不过我们没注意到。

人类是具有复杂沟通技巧的动物。可悲的是，我们往往低估了其他生物——尤其是植物——的沟通和认知能力。植物可以交流，并且也确实经常交流。我们的偏见让科学家直到近年来才开始认真研究植物的交流。人类非常依赖视觉交流。这意味着，其他生物长得越不像人类，我们就会觉得与它的关系越远。因此，

---

[1] "植物盲"（plant blindness），美国植物学家舒斯勒（Elisabeth Schussler）和万德西（James Wandersee）在1998年提出的术语，指的是"在所处的环境中无法看到或注意到植物"。——译者注

在大多数人心目中，植物往往处于一个低级的位置。我们的"植物盲"现象可能有深刻的进化根源。在远古社会，在人们久居一地发展农耕这种生活方式出现之前，我们一边盯着大型掠食动物以免遭受攻击，一边盯着小动物想把它们摆上餐桌。没错，植物是我们生活的一部分，但我们并不会过多关注它们。欧洲、北非和中东的旧石器时代和新石器时代早期的艺术中可以看到这一点。这一时期出现了各种各样的洞穴壁画、陶器和雕刻，内容描绘了人类和动物，既有艺术性，又很写实。到目前为止，我只发现过一个例外，内容是很明显的植物主题。大多数社会似乎都是这样，除了澳大利亚的土著文化外——他们对植物的艺术表现至少可以追溯到 4 万年前。

讲到史前文化的目的是说明人类容易出现"植物盲"。这种现象的后果是植物的价值和潜力被掩盖了。我们在学校里学到，植物会产生氧气，如果没有氧气，我们就会死亡。我们还可能学到，人类的生存依赖于大约 20 种作物。孩子们被迫记住花的组成部分，然后又去学别的"有趣的"东西。对我们大多数人来说，植物在我们生活中的存在，仅限于我们日常饮食中的"每天五份果蔬"[1]，以及电视机后面萎靡发黄的丝兰。有些人很幸运，因为对园艺或自然历史感兴趣而迈进了植物世界的大门。忽视植物会给社会带来巨大风险。植物的价值绝不只是食物。例如，许多研究表明，观看植物可以缩短住院病人的康复时间，而户外活动和锻炼对改善心理健康非常重要。随着科学家持续探索自然界，

[1] "每天五份果蔬"（five a day），世界卫生组织推荐的一个理念，是很多欧美国家都在推广实施的健康饮食计划。简单来说，就是每人每天至少食用五份不同种类的水果和蔬菜。——译者注

我们越来越了解植物——以及其他被忽视的生物，如无脊椎动物、真菌和细菌——如何丰富我们的生活，为我们面临的挑战提供解决问题的工具。

　　严格来说，法医学不是一门学科。它是科学知识在研究犯罪如何发生过程中的应用。因此，它是来源广泛的信息和技能的综合。几乎所有与人类接触的东西都可以用于法医学。有两个因素限制了法医学的应用。一是我们缺乏知识。如果我们无法理解某些东西（例如其运行机制或组分），那么我们就无法定义它和犯罪现场的潜在相关性。人们经常质疑初级研究或"蓝天研究"[1]的必要性。在许多人看来，这些研究似乎无关紧要——太抽象了，在现代世界中没有用处。然而，那些深奥难懂的研究经常让我们取得重大的科学（和经济）进步。自20世纪80年代初以来，许多科学家研究并开发了纳米结构石墨烯（一种存在于连接成片的原子中的碳形式）的生产技术。这些研究项目正在彻底改变我们生活的方方面面，如医学、电子、能源储存、污染管理等。当孟德尔[2]对豌豆（学名：*Lathyrus oleraceus*）的遗传性状进行实验时，他完全不知道自己的研究会产生什么影响：他的研究让进化论重焕生机，开启了遗传学和脱氧核糖核酸研究的先河。

　　法医学中用到的许多科学都来源于某位科学家关于运行机制

---

[1] 初级研究（primary research），指的是对研究者从观察、实践、访谈、问卷等第一手研究方法中得出的原始数据进行分析的研究方式；"蓝天研究"（blue skies research），指的是目前应用还不明显，但有一定意义的研究成果。——译者注

[2] 格雷戈尔·孟德尔（Gregor Mendel，1822—1884），奥地利帝国生物学家，遗传学的奠基人，被誉为"现代遗传学之父"。孟德尔通过豌豆实验发现了遗传学三大基本定律中的两个（分离定律和自由组合定律）。——译者注

和组成成分的思考。取消 "蓝天研究"，就意味着拒绝那些潜在的未来成就，而那些成就有可能改变人类生活的方方面面，包括法医学。自 1907 年贝克兰德发明酚醛塑料以来 [1]，人类就开始制造合成塑料。从那时起，我们就根据需要对塑料进行改性。许多塑料已经成为生产服装和其他需要纤维结构的材料的重要原料。人造纤维也可用于刑侦。但是，如果没有事先深入的、往往看似无关的研究，我们对人造纤维的多样性、结构、耐久性和降解特性的了解会很有限。法医学要想蓬勃发展，就必须从非法医科学领域获取知识。

这就说到了第二个因素。如果没有足够的资金开展新科学技术的研究，测试其应用性，使之能为我们的刑事司法系统所用，那么新的、未来可能大显身手的法医工具就无法开发。如果没有对科学创新和法医学发展的支持，我们的司法系统将面临瘫痪的风险。荷兰法医研究所，一个由荷兰政府资助的机构，针对广泛的法医学相关学科开展研究，包括大数据与网络法医学、医学法医学、犯罪现场调查的新方法等。英国没有类似的机构，只有几所大学有这方面的科研项目，由政府基金资助。此外，警方也需要有使用这些创新法医学方法的能力和技术。

人们经常想知道："成为法医植物学家容易吗？"据我所知，世界上没有任何一个地方颁发法医植物学的从业资格证。要想被视为一名合格的法医植物学家，必须至少拥有植物学或其他植物

---

[1] 利奥·贝克兰德（Leo Baekeland），美籍比利时化学家，发明了耐高温塑料"贝克莱特"（Bakelite，即酚醛塑料）。——译者注

科学的本科学历。可悲的是，英国越来越难找到有这些课程的大学。除了具备上述基本的从业资格外，还需要有丰富的野外植物研究经验，就是在野外四处搜寻植物。

我关于植物的知识来自我对植物的长期观察以及我在大学和伦敦自然历史博物馆学到的东西。我成为一名法医植物学家后，这些知识在应用中不断被修订。总的来说，我从来没觉得自己绝顶聪明，现在仍然没有这种想法，我只觉得自己不笨。有一句经常被引用且颇具争议的名言，说需要 1 万小时的实践才能成为专家。这句话可能有那么一点儿道理。与你的课题或者当前手头的任务相关的信息纷繁复杂，这无疑需要时间的投入。我观察、研究植物已有 45 年了，在我的大脑中潜藏着很多关于植物的信息。

在我青春期前的快乐童年中，我完全不知道其他人并不像我一样疯狂迷恋植物。我也有非常忠诚的朋友。在我 7 岁生日那天，我的朋友克里斯托弗耐着性子陪我逛了牛津植物园。童年的田园诗并没持续多久。我的中学时光非常糟糕，我从一个快乐的孩子变成了一个悲惨的孩子。我的成绩从优等直线下滑。中学毕业的时候，我的旷课记录在学校排名第二，第一是我的好朋友。我大约 13 岁的时候，学校说我们要做未来规划，要评估我们适合做什么工作。根据评估结果，我会成为一名保险推销员。我的学校无法顾及我对植物的古怪兴趣。我主动自学拉丁文和植物学并参加普通证书考试 [1]，其他人并不感兴趣。他们几乎不知道（或者

---

[1] 普通证书考试（O level），过去英格兰、威尔士对某科目的考试，级别低于高级证书考试，通常在 16 岁时参加，1988 年被普通中等教育证书（GCSE）取代。——译者注

不在乎）我从 10 岁起就一直在读植物学本科教材。

有一年，我参加了学校组织的一次野游活动。我乐翻了天，主要是因为我真的很喜欢地理老师，他的腿很长，淡褐色的双眼很漂亮！有一天，我们在达夫河谷上方的高地上散步，我发现了一株双叶兰（学名：*Neottia ovata*，欧洲对叶兰）。双叶兰这个名字是因为其叶子成对出现。这是一种可爱又端庄的兰花，开绿色的小花，看起来像绿色的小外星人。地理老师问我在看什么，我说是一株可爱的兰花。他尽职又热情地回应了我，问我它什么时候开花。我告诉他已经开了。他凑近了看，面露疑惑，随后是同情，然后就站起来走开了。我搞砸了！不过还好，我看到了扮作小小火星人的双叶兰，还是很开心的。直到现在依然如此，双叶兰一对对的光滑叶子仿佛总在向我发出信号：美妙的小花在等待着我！兰花是奇妙而复杂的植物。兰花有个特点，就是花粉非常奇怪。大多数兰花的花粉聚集成块状，称为花粉块，与大多数其他植物的粉末状花粉大不相同。大多数兰花与授粉昆虫在生态环境中有着非常紧密的关系。很多时候，如果没有合适的昆虫，兰花的花就不会授粉，也不会产生种子。这就导致兰花花粉很少出现在除了植株自身和昆虫身上以外的任何地方。兰花花粉不太可能在嫌疑人身上或犯罪现场出现。花粉经常出现在犯罪题材电视剧中，后面我会再讲到这个问题。

将我的植物学知识应用于法医学的一大挑战，就是我需要改变我的观察方法。我现在以一种我以前从未想到的方式观察植物。一般来说，植物学家习惯观察整个植株。如果只是植株的一部分，例如一根开花的树枝或一颗种子，通常也观察相对完整的状态。而在法医学领域，情况通常并非如此。因为犯罪现场收集的证据往往是破碎的，完全不是适合辨认的理想状态。通常情况下，我拿到的植物都糊着坚硬的泥巴，或粘在鞋底或车轮上。有时，植物由于与腐烂的人体组织长时间接触而发生了严重降解，或者已经在环境中暴露了太长时间。我不得不求助于记忆中大量的植物学经验（有的能完整记住，有的只能记住一部分了），让辨认的结论在我的脑海中浮现。

我的童年是在探索我在沃里克郡的家和我祖父母在康沃尔郡的家周围的乡村植物中度过的。这些经历有助于让我对英国的自然景观是如何随着时间的推移而演变，如何呈现出今天的状态有了更深的理解。我记得，当我还是个小男孩的时候，我和妈妈在低洼的田野里采摘黑莓，我注意到地面有奇怪的起伏。后来我知道，那是曾经的山脊和沟壑，是撒克逊人农耕的遗迹。起伏的地势不仅看起来赏心悦目，和缓的坡度还创造了让各种野生植物茁壮成长的生态环境。可悲的是，我们村里这样的地形大部分都被破坏了——先是耕地，后来是 M40 高速公路。这种地形规则的上升和下降曲线为植物创造了多样化的生长条件。经验丰富的植物学家会注意到，坡底，也就是最潮湿的地方，生长着伏生毛茛（学名：*Ranunculus repens*，匍枝毛茛）；地势稍高处，土壤干燥一些，生长的主要是草甸毛茛（学名：*Ranunculus acris*，高毛茛）；最高处，也是土壤最干燥的地方，生长着球茎毛茛（学名：*Ranunculus bulbosus*，金发毛茛），这种植物的根是球茎状，能为植株提供充足的水分和营养，使之度过炎热的夏季。

　　童年时观察野生植物以及花园里的园艺活动有助于培养我的观察能力。我还记得小时候迷恋植物的学名，我觉得那些拉丁文名字似乎传达了某种神奇的东西。7 岁时，我已经开始阅读关于园艺和野花的书籍，去记里面的植物名字。像我后来遇到的许多人一样，我被威廉·凯布尔·马丁牧师的修订版《新简明英国植物志》[1] 里的精美插图迷住了，我在书页上努力搜寻新的单词和知识。沼泽苦苣（学名：*Sonchus palustris*，沼生苦苣菜）是英格兰东南部沼泽中的一种罕见植物，书中那张插图尤其让我心生向往。近 35 年后，我才在野外看到这种植物，让我对它的迷恋和爱慕再度升级。

---

[1] 威廉·凯布尔·马丁（William Keble Martin，1877—1969），英国牧师。马丁 20 多岁时就开始用水彩描绘英国的野花，88 岁时出版画册《新简明英国植物志》（*New Concise British Flora*）。他将一生大部分时间用于创作这本精美的著作。全书共有 1400 多幅画，每一幅都精致美丽。在植物学上，他也做到了专业准确，帮助成千上万人辨认田野路边的植物。——译者注

第 4 章 黑莓灌木与醉鱼草

许多人喜欢秋天在林间散步，我们享受着和煦的阳光和飘落的树叶带来的秋日气息。当我们凝视雾蒙蒙的树林，欣赏朦胧的美景时，脚却常常被绊到。我们的脚被黑莓灌木缠住了，我们咒骂几声，抬脚踢开讨厌的灌木，转身离开。对我们来说，这就是我们与黑莓灌木的联系。有些人可能喜欢采摘黑莓，吃黑莓苹果派或黑莓果酱，但也仅此而已。这东西的英文名字也怪：我们不喜欢的时候，我们就叫它"灌木"；喜欢的时候，就叫它"黑莓"。

我很喜欢黑莓灌木，虽然不像悬钩子植物专家那样喜欢（关于悬钩子植物专家，我很快会再说到）。为什么喜欢？首先，作为一名植物学家，我对所有植物都感兴趣。我想不出有什么野生植物是我无法欣赏的——尽管有些高度杂交的园艺品种确实让我有些提不起兴趣。黑莓灌木几乎可以说是英国乡村环境中最重要的一种野生植物。开花时，黑莓灌木为无数无脊椎动物提供花蜜和花粉。黑莓灌木的根、茎和叶是许多动物的食物，其中也包括很多哺乳动物，比如鹿。野猪也很喜欢黑莓灌木。黑莓灌木幼嫩的芽和根是野猪的美味小吃。野猪用它的长鼻子翻动土壤，享受美味的时候，也为其他野生动物创造了新的栖息地。

　　黑莓灌木甚至拥有一系列专门以它为家的真菌。我特别喜欢真菌。到目前为止，我还没有在犯罪现场利用真菌破过案。一有机会我就会仔细观察犯罪现场的真菌子实体[1]，想着能不能对破案有用。爱钻研是把双刃剑，很容易让你的精神转移到有趣但最终毫无成效的思考和观察上。这种时候，一般都是苏菲轻声说一句"专心工作，斯宾塞"，把我唤回现实。总有一天我会证明给她看！不过，好奇心也是有成效的，能让你以警方没想到的方式看待案件。植物学尤其如此——大多数办案人员从来不会从植物学的角度去处理案件。黑莓灌木上生长的最常见的真菌是紫色黑莓锈菌（学名：*Phragmidium violaceum*，紫色多孢锈菌）。紫色黑莓锈菌是一种专性生物营养菌。也就是说，如果没有黑莓灌木的存在，它就无法完成其相当复杂的生命活动。我们眼中看到的紫色黑莓锈菌就是黑莓灌木叶片上的紫红色斑点。整个夏天，直到秋天叶片凋落，这种斑点一直都有。当然，我们最关注的是黑莓灌木的果实，就像那些野生动物一样。黑莓灌木的果实是许多动物夏末宝贵的食物来源。

　　不过，我喜欢黑莓灌木的主要原因是我经常在犯罪现场看到它。我很高兴看到它，不仅因为我看重它的美学或生态价值，而且因为它经常对我的法医学工作有所帮助。有些品种的黑莓灌木在人多的地方或犯罪经常发生的地方很常见。这并不是因为这种植物跟人类比较亲，而是因为我们往往会增加这类地方土壤和水道的营养负荷（主要通过农业、污水排放和运输）。黑莓灌木在

---

[1] 子实体（fruiting body），在真菌学中称为担子果，是高等担子菌子实层的一种高度组织化结构，形状多样。——译者注

这种条件下生长旺盛，它们是贪婪的食客，我们提供的超负荷营养正好投其所好。那么，为什么黑莓灌木在犯罪现场勘查中有用呢？

黑莓灌木可以被看作"蔬菜日历"（所有植物都可以，我们只需要学习如何去破解其"日历"）。黑莓灌木可以帮助我们估算尸体在现场的时间。一般来说，警方首次发现尸体的时候往往不知道死者是谁。为了确定死者身份，警方会通过各种途径展开调查。有助于确定死者身份的一个重要问题是："这个人在这里多久了？"有时候，黑莓灌木（以及其他植物）可能有助于解决这个问题。尽管看起来可能乱糟糟的，但灌木丛并不是无序生长，它是一种精心编排的结构，让植物能够在其所在的环境中最大限度地发挥生长潜力。

要想了解黑莓灌木是如何生长的，先看看与其同属的其他植物可能会有所帮助。黑莓灌木是蔷薇科植物。蔷薇科是一个相当大的科，其中包含 3000 多个种（野生兰花大约有 28000 个种，仅做对比）。毫无疑问，这个科的成员包括蔷薇（学名：*Rosa*，蔷薇属），此外还有李子和樱桃（学名：*Prunus*，李属）、苹果（学名：*Malus*，苹果属）、山楂（学名：*Crataegus*，山楂属）、草莓（学名：*Fragaria*，草莓属）等。其中，黑莓灌木最像草莓。这两种植物在果实结构上有相似之处。但更重要的是，两者在生长方面也具有可比性。草莓植株的根茎粗壮结实，上面长出细长的茎，新的植株由此诞生。

黑莓灌木及其近亲山莓（学名：*Rubus idaeus*，覆盆子），在生长结构上有一点变异。每年春天，植株都会生出一根或多根新生枝条（园艺中称为藤蔓），其作用是增加植株占据的空间，并与其他植物竞争。就黑莓灌木而言，这些新生枝条的尖端会呈拱形。当尖端触碰到地面，就会产生新的根和新的植株。这就是为什么黑莓灌木如此擅长绊倒我们。它通常两端生根，形成一条天然的绊脚索。第二年，这根枝条的功能就变了，上面会生出短的侧枝，开花后结出果实。夏季，植株开花时，更多的新生枝条从地面生长出来，穿过开花的老枝。经过一段时间，随着新枝盖过老枝（老枝逐渐衰老死亡），植株逐渐变大。因此，尽管在我们看来可能是乱糟糟的一团，黑莓灌木其实是非常"有组织"的植物。这种组织原则是它的生存策略，使它能在路边树篱、林地和我们居住区中营养丰富的角落里有效存活，而很多犯罪正是发生在这些地方。

黑莓灌木逐渐封装领地的这一特性，对于作为法医植物学家的我来说很有价值。当死者处于某一环境中，植物和动物就会对其存在做出反应并适应其存在。如果死者被黑莓灌木包围，那么尸体很快就会被这种植物覆盖，等待被发现。我的职责是通过分析植物的生长结构判断死者在那里已经存在多长时间。这种分析包括仔细检查从根茎上长出枝条的位置，以及观察这些枝条的衰老程度。我会尽可能多查看一些枝条，作为我得出结论的基础。我还可能从现场取样，回到工作室后再仔细检查。

我已经讲了黑莓灌木是如何帮助我们打击犯罪的，那么悬钩子植物学呢？黑莓灌木，包括蔷薇属的一些其他植物，如花楸（学名：*Sorbus*，花楸属），有一种非常奇怪的繁殖方式。它们是无性繁殖。或者，更准确地说，它们大部分是无性繁殖。很多品种的黑莓灌木都是单性生殖，种子的形成不需要受精。单性生殖是一种复杂的现象，在开花植物中非常普遍。单性生殖的一个结果就是，这些无性繁殖的黑莓灌木实际上是克隆植物；另一个结果是，它们的生存范围往往极其受限，所以很多品种都非常罕见。特里莱克树莓（学名：*Rubus trelleckensis*，特里莱克悬钩子）仅见于威尔士蒙茅斯郡的碧根山，濒临灭绝。这并不是特例。发现于不列颠及爱尔兰的蛇藨筋（学名：*Rubus fruticosus* agg.，悬钩子属的一个种群），其下有 300 多个亚种，其中很多都同样稀有。这些亚种叫作"小种"，因为能够区分彼此的特征非常微小。黑莓灌木的复杂性和多样性使得植物学家中很少有人敢去专攻这一领域。专门研究这方面的人被称为悬钩子植物专家，英文是 botalogist，来源于古希腊语"βάτον"，意为黑莓。成为一名悬钩子植物专家需要时间、耐心和钢铁般的手指。我在伦敦自然历史博物馆工作期间，有幸结识了不列颠及爱尔兰悬钩子植物方面的顶级专家大卫·埃利斯·艾伦。他不仅拥有关于黑莓灌木的丰富知识，而且在自然史和英国植物史方面也相当博学。

　　至此，我希望你在想到黑莓灌木的时候能感受到一丝暖意。不幸的是，黑莓灌木面临的情况并不乐观。人类在地球上进行的活动常常造成生态破坏。很多时候，这种破坏是由外来入侵物种造成的。为了吃到美味的浆果，我们把黑莓灌木从其家乡带到了世界各地。对许多地方来说，后果是灾难性的，比如新西兰和夏威夷。夏威夷许多极其濒危的植物正面临威胁，因为它们要与外来入侵的黑莓灌木竞争，而且还会遭到以黑莓灌木为食的野猪的破坏。幸运的是，有些地方已经找到了控制方法。紫色黑莓锈菌已经被引入新西兰等地区，用作对抗入侵黑莓灌木的生物控制剂。这种真菌非常专一，不太可能转移到除黑莓灌木以外的其他宿主上。

看着不起眼的黑莓灌木，可不仅仅是恼人的绊脚索而已。下一次你在林地或公园里被它绊住脚的时候，请拥抱它创造的奇迹吧。

1989 年，我搬到了伦敦，住在海克尼——伦敦的一个自治市。那时候，海克尼的街道上还没有这么多赶时髦的人，倒是有很多垃圾。在那之前，我住在诺福克郡的迪斯小镇附近，在布雷辛厄姆花园工作——当时算是英国最著名的花圃。在那里工作期间，我成功申请到了英国皇家植物园[1]的学生奖学金。我在迪斯的最后一个夏天基本上是在一个宽敞的农舍里度过的。那个农舍杂乱无章，楼梯歪歪斜斜，走廊昏暗无光，还有同样杂乱无章的一家人。我和其他几个在布雷辛厄姆花园工作的园艺专业的年轻学生住在房子的一边，房子的主人一家住另一边，他们都是福音派基督徒。房子外面还有带围墙的花园，虽然杂草丛生，却带给我们无尽的快乐。花园里有一棵老树，我和朋友们经常坐在树下，喝着饮料，度过了许多愉快的夏日傍晚。那是个可爱的地方，尽管有时我会

---

[1] 英国皇家植物园（The Royal Botanic Gardens），因地处伦敦三区西南角的邱区（Kew），又名邱园（Kew Gardens），是世界上著名的植物园之一，也是植物分类学研究中心，始建于 1759 年。——译者注

因为早上 7 点被福音派基督徒弹奏吉他的声音吵醒而有点儿不爽。

　　住在农舍里的人中有一个叫西蒙的。他是一个热情的年轻人，住在福音派基督徒那边。他曾经周游四方，还在非洲的一个农业研究站工作过一段时间。他从那里带回一些种子，他分了一些给我。我用他馈赠的种子种出许多植物，其中之一是白合欢（学名：*Leucaena leucocephala*，银合欢）。20 世纪 70 年代到 20 世纪 80 年代初，这种墨西哥植物被视作创造奇迹的树木——能解决全世界干旱的热带地区农村的贫困问题。于是，白合欢树被引入世界各地。白合欢树耐旱，能当柴烧，树叶是极好的动物饲料。但从那以后，它的名声就开始一落千丈。现在，白合欢树被视为给全球带来最严重后果的外来入侵树种之一。白合欢树非常耐寒。我栽种的一株白合欢已经在伦敦市中心的一个露天角落里存活了十年，并且成功繁殖出了第二代。

　　我的白合欢树已经长成参天大树，它常常让我想起我在诺福克郡的日子，想起西蒙。它也让我想起一个可怕的转折事件。我到伦敦几个月后，西蒙也过来了。当时，住进无主的空房子是合法的，我最终在海克尼的一个无主房片区安顿下来。我们大概200 人住在伦敦郊野区附近的两条街上。西蒙选的那所房子几乎要塌了。他很厉害，自己翻修了房子。如果没有他，那房子无疑多年前就变成危房倒塌了。现在，它俯瞰着伦敦郊野区，以及成群结队享受着海克尼日光浴的新居民。

　　我总觉得西蒙过于热情了，我有点儿不喜欢。我尽量少和他接触。我偶尔会去他那里，聊聊天，喝杯茶，赞叹一下他的最新翻修成果。有一天，我去公园的路上经过西蒙家门口，他请我进去坐坐。他把我带到地下室，开始口若悬河地讲他最近的翻修。他让我坐在房间里唯一一把椅子上。我坐下之后，他就开始兴奋地讲他刚刚完工的混凝土地面。他好像觉得自己的活儿干得非常漂亮，特别希望得到我的认可。我咕哝了几句表示赞赏的话，就逃之夭夭了。几个月后，西蒙出国了。我再也没见过他。

不过，我却听说了他的事。几年后，我得知西蒙不久前被指控谋杀或过失杀人。这些年来，他多次环游世界，但他的良心越来越不安。最终，他回到英国，走进警察局，供认自己杀了人。当年他翻修房子的时候，和一个无家可归的年轻人成了朋友，他邀请对方和他同住。不知什么原因，一天晚上，西蒙用斧头（或者铁锹）杀死了那个人。之后，他将尸体埋在地下室，地面浇筑了混凝土。那正是他渴望得到我认可的混凝土地面。我当时就站在受害者的上面。直到今天，我也不知道警方调查的具体细节。不过，西蒙已经悉数招供，警方也不太可能需要利用自然界的线索来确定被害者何时死亡。这个故事还有令人扼腕的一点：被杀害的年轻人身份不明。在某个地方，不知还有没有人在想着他出了什么事。

让我想起海克尼和那个不知名的年轻人几乎已经被世人遗忘的谋杀案的，还有一种植物，就是醉鱼草。醉鱼草在伦敦城区和郊区无所不在，这让很多人觉得它应该是本土的野生植物，然而并不是。醉鱼草第一次出现在伦敦的野生植物记录中是在 20 世纪 20 年代。从那以后，醉鱼草不断蔓延，占据了数千公顷的土地。在伦敦东南部，醉鱼草肯定比日本虎杖还要多得多，造成的环境破坏也严重得多。我第一次注意到醉鱼草数量如此之巨是在我成为邱园的一名学生后。当时我坐火车通勤，从海克尼到邱区，这让我有机会看到这种植物大量生长在伦敦铁路沿线和荒地上（从植物学的角度来说，一点都不"荒"；那是植物的天堂，长满了迷人的本土和非本土植物）。我在邱园的经历喜忧参半。我学到很多，遇到了很棒的人和很棒的植物。但是，一些不被认可的经历，无法自我心理疏导，我的精神崩溃了。我从邱园逃离，躲了起来。邱园的工作人员想让我回去，但我无法忍受公众舆论。我终于意识到园艺行业的工作不适合我。之后的几年我放浪形骸，在酒吧混日子。后来，我在一所继续教育学院做人事专员，再后来，我又变成职业人力资源师。

在那段时间里，我与植物世界完全隔绝了——除了我花园里和窗台上的那些植物，包括我从 7 岁开始养的仙人掌（40 多年后我还在养）。我在乡下长大，习惯了开满鲜花的田野（可悲的是，现在基本消失了），我不知道城市里的野生植物也这么有趣。后来我开始关注城市中的"野草"，这有助于我日后从新的角度看待熟悉的植物，比如黑莓灌木。

黑莓灌木和醉鱼草在城区和郊区环境中争夺我们的空间。它们经常和无家可归的人共享空间。街上无家可归者的人数稳步上升，这是国家的耻辱。每个人的故事都是悲剧，照顾他们的负担也被推给警方和其他应急服务部门。每年，随着隆冬来临，城镇中户外死亡的人数都会上升。其中大多数人死后几个小时内被发现，但有时，那些在城区荒地和林区中寻求安全和庇护的人会被遗忘数周、数月甚至数年。尤其是火车不用时停靠的侧线，还有公路和铁路的路堤，是流浪汉最青睐的地方。

有一次，我被召唤到一个有可能是犯罪现场的地方，那里发现了一具腐烂的尸体。时值隆冬，天气和往年一样，冰冷刺骨。大雨已经下了好几天，地面又湿又滑。我向负责外围的警官打了招呼，签名之后进入现场。有个摄影师拿着一架笨重的相机，好像在评估从哪里可以拍到一些抓人眼球的照片。我飞快地穿过铁路路堤边湿漉漉的足球场，走近犯罪现场管理人并做了自我介绍。路堤很陡，我们向尸体的位置靠近时不得不身体前倾，防止自己滑下去。死者穿着冲锋衣，俯趴在地上，背朝上，两腿伸直。各种微生物已经在他身上形成了成熟的群落；他的脸上几乎没有肉了，嘴巴微微张开，大部分牙齿都能看到。我向前一步，差点摔倒——脚下的泥土太滑了。腐烂的气味相当浓烈。不过，低温意味着产生腐烂气味的挥发性有机化合物在空气中的流动性较低。如果天气很热，这具尸体的气味是会让人无法忍受的。

我们决定从路堤上退下来，讨论接下来如何记录现场，以及如何将尸体安全地转移到坡下——在确保我们自己完好无损的情况下。警方搜查顾问团队在斜坡路面上铺设木板，他们需要做一条犯罪现场路径。在他们做这项工作的时候，我尽量让自己不要因为他们对植被造成的破坏而烦躁。六七个五大三粗、浑身湿透的警官在倾盆大雨中艰难地往路堤上爬，这种时候很难再去跟他们说不要破坏灌木。所以，我决定还是退后为妙，去喝杯茶休息一下。

木板铺设就位，我们又回到路堤上。法医人类学家开始对尸体的状况进行评估，我则观察尸体周围和下面的植被。我也在看周围的房子、道路和足球场，这些都是死者最后看到的东西。他的身体看起来很平静，双腿向坡下伸展，双臂放在身体两侧。他周围的植物没有明显的人为破坏迹象，除了我们的团队和发现他的人造成的破坏之外。就像以往经常发生的那样，这次发现尸体的又是一个遛狗的人。植被没有遭到破坏，排除了打斗的可能性。我在荨麻、黑莓灌木、醉鱼草和日本虎杖构成的灌木丛中也看不到有人在其中开辟一条道路离开的迹象。死者躯干的上半部分、头部和手臂压在植物上，那里的植物已经被他的身体压扁了。躯干的下半部分和腿似乎滑到了一丛黑莓灌木蔓生的枝条下面，就好像他爬到床上，毯子盖到一半。

总体而言，植物方面的证据表明，死者生前走到这里，倒地，然后死亡，整个过程看起来很平静。我对现场做了记录。法医人类学家和警方搜查顾问团队一起小心地抬起尸体，运送到坡下。在此期间，我给自己安排了一项任务：找到死者进入此地的路线。我必须非常小心地穿过植被，我不想滑倒或者破坏植被。大约半小时后，我觉得我大概可以拼凑出他最后的行动路线。植物的茎和枝条（大部分是日本虎杖）上有不规则的损伤。他似乎曾在路堤的坡上大约 30 米的距离内上上下下来回走动。我不确定，因为他死的时候我不在现场，但植被中有他最后行动的痕迹：他独自在灌木丛中蹒跚而行，直到最终倒地死去。

在判断死者的死亡时间以及他最后的行动路线上，日本虎杖提供了非常有用的信息。日本虎杖是一种臭名昭著的植物，其侵略性的生长态势现在甚至已影响了房地产的销售。日本虎杖也是一种了不起的植物。英国几乎所有的日本虎杖都来自一个克隆母体，一个雌株。世界各地非人工栽培的日本虎杖大部分也是这样，都来自同一克隆母体。由于日本虎杖在世界许多地区（尤其是欧洲和北美）都是一种广泛分布的外来入侵物种，因此可以说，它是地球上种群最大、最成功的母体植物。令人惊讶的是，三米长的枝条竟然才生长还不到一年。每年春天，幼枝从地下的多年生根茎上生长出来。不过，尽管生命力旺盛又擅长攻城略地，但日本虎杖单个的枝条却很容易受伤，伤害产生的影响几个月后仍能看到。我在犯罪现场的勘查中发现，受损的部分包括支撑着蓬松白色小花的小侧枝。这些花夏末开放，由于枝条在开花季节受损，所以我能够估算出尸体出现在那里的时长，应该有几个月了。

几天后，我得知死者的身份已经确认。几年来，他的身体和精神均不健康，家人至少有一年没见到他了。我还得知，有迹象表明他一直在外露宿，尸检无法确定死亡原因。尸体腐烂得太厉害了。

第5章 刀与木的故事

尽管名声在外，法医学实际上却不那么令人向往。干道边的沟渠、污物凝结成霜，能有多大的魅力呢？而且这项工作中很少会出现犯罪题材电视剧里的那种悬疑情节。通常，法医工作耗时又费力；不过，工作中偶尔会充满悬念。有时，随着工作的进展，犯罪现场的秘密逐渐揭露出来，气氛越来越像电视剧一样。

这种戏剧性的气氛曾经在我参与过的一个犯罪现场出现。有人遛狗时发现了人类遗骸。主人跟着狗，偏离了他们每天散步的小路，来到一小块空地上。四周都是茂密的植被，中间是经过一场大火焚烧的残骸。狗主人注意到灰烬中有骨头，于是报警。接到要求我去现场的电话后，我冲出自然历史博物馆的植物标本室，回到家中把几件衣服和洗漱用品塞进一个袋子里，因为有可能需要在外过夜。然后，我冲向尤斯顿车站去赶火车。

我坐的是维珍摆式列车，它是我最不喜欢的一个车型，空间狭小，臭气熏天，可怕至极。我坐在火车上凝视窗外，忧郁地看着英格兰东南部被杀虫剂和化肥浸透了的千篇一律的风景。我们这个国家看起来好像拥有绿色宜人的土地，但这里的很多东西正在消亡，这是我们一手造成的。除了诅咒我们的愚蠢，我还想着自己即将面对的死者和取证现场，以便从心理上忽略掉列车的轰鸣声。窗外是城镇的郊外，一片片灌木丛从我眼前飞驰而过；还有被遗忘的废弃铁路长长的路堤，穿过满目疮痍的前工业中心地带。这些地方是否藏着什么秘密呢？我心想。这显然是很无聊的思考，但毫无疑问，其中一些地方确实藏着失踪者的尸骨。有那么两三段路程，我辨认出那些背阴的铁路路堤或溪流岸边，都是我曾经处理过死者尸骨的地方。每次我经过这些地方，我都会轻声向死者问好。

从尤斯顿赶来后，我欣慰地发现，这个现场从发现之后基本上没有受到破坏。情况并非总是如此。我经常赶到现场后发现那里已经被警方搜查顾问夷为平地，等待我勘查的是堆积了 10 英尺（1 英尺约等于 0.3048 米）高的植物。现场位于一个前工业区，周围都是现代化的住房。场地上有一条曾经为该工业区服务的废弃铁路侧线。曾经的铁轨现在已经是一条人行道了。人行道一侧是坡地，连接着路边绿地，路上停着几辆警车。另外一边是绿篱，空间完全被疯长的野生植物占据。人行道边有一棵白蜡树，树下一条小路延伸到路堤，一直通向发现尸体的空地。穿上防护服后，我爬下路堤（坡不长却很陡），来到下面的平地上。

这块空地大约有五米宽，四周是高大的灌木丛和小树，下面是几乎处于休眠期的荨麻和黑莓灌木。此时是早春，大部分植物还没有完全复苏。向上看，周围全是树叶，看不到附近的房屋。这片空地看起来被无家可归者使用过也就不足为怪了，他们在这里可能会有安全感。这里有人类居住的痕迹，旧衣服、空啤酒罐和廉价的烈酒瓶，与各种食品包装袋混在一起。空地边缘处有成堆的碎砖瓦和木头，看起来是懒惰、自私的居民倾倒在这里的装修垃圾。

接近空地中央的位置有一大堆灰烬，里面还有未燃尽的木头。旁边围着几个人，其中一个是苏菲的老板海伦。我以前没和她共事过，但通过电话。和她一起的是托比，一位火损专家；他擅长的还有其他方面。还有一名犯罪现场管理人和一名病理学家。我走上前去，加入了他们。

虽然周围茂密的植物起到庇护作用，但这里仍然很冷，大约5摄氏度。春之使者——刺李（学名: *Prunus spinosa*，黑刺李）——冰冷的白花刚刚开放。我很庆幸我穿了保暖内衣和防护服。我们看向火堆，我能看到几缕黑莓灌木伸到了里面；它们也被烧了，但有新生的迹象。海伦说，目前尚不清楚尸骨已经在这里存在多长时间，也不知道死者身份。警方已经开始敲门走访附近居民，询问是否有人看到任何可疑之事。几位住户表示，几周前他们注意到这个地点上空有烟。这并不奇怪，这里经常有不良少年聚集。当然，还有无家可归者。

警方认为烟的线索很重要，已经开始重点搜集出现烟的那天前后几天的情报了。警方迫切想要知道，我们对现场的评估是否支持他们的推断——尸骨在这里的时间不长。讨论了接下来的工作如何进行之后，我们每个人就各司其职，干起活儿来。我尤其仔细看了灰烬上面以及周围黑莓灌木枝条上的烧伤痕迹。附近其他灌木的枝条也有烧焦的迹象。被烧后，黑莓灌木和其他灌木又生长了。我开始有一种感觉：现场发生过多次火灾，而且最近这次可能比以前几次要小。我意识到我可能越俎代庖了，这是别人的专业领域。我把我的结论告诉托比，征求他的意见。毕竟，他专攻火，我专攻植物。谢天谢地，托比对我的结论很满意。

虽然我们各有专长，但和别人讨论一下自己的想法和结论总是好的。因无意识的偏见而让有价值的想法溜走，这种事太容易发生了。我又去观察黑莓灌木，更仔细地查看枝条上的烧伤痕迹。给这些枝条造成伤害的火灾不是最近发生的；整根主枝上都有烧焦的痕迹，但从主枝上伸出来的侧枝却没受伤。火灾发生后，这些植物一定又生长了几个星期。我跪在寒风中，瑟瑟发抖地查看刺李。很明显，这些生长发生在前一个生长季节，也就是去年夏天和初秋。大火发生在至少六个月前。警方可能需要改变他们搜集情报的重点了。

又经过一个小时左右的记录和拍照，我们回到警车旁，喝了杯咖啡，和往常一样，是装在纸杯里的速溶咖啡。咖啡的味道令我思绪翩跹。我十几岁的时候，我们学校离一个生产速溶咖啡的大厂只有几英里（1英里约等于1609.3米）远。有时候我们会闻到甜得发腻、让人恶心的烧焦的咖啡味儿和化学添加剂的味道，浓得能把人熏晕。也许正是这一点，而不是我身为都市精英的优越感，让我一看到速溶咖啡就不寒而栗。当然了，作为一名受过良好教育的青年，我从不抱怨。

我们逐渐暖和过来，讨论了我们的观察结果和接下来的行动。然后，我们开始清理掩盖在尸骨上的东西。清理工作必须缓慢、小心地进行。每一块木头、每一根缠绕的枝条、每一个易拉罐，放到一边之前都要仔细检查。我们围着尸骨做这项工作，海伦开始领人搬压在上面的木头。我们挤在一起，凝视着那堆灰烬，想要分辨出死者是以什么样的姿势躺在那儿。我们每清除一块木头、砖或碎石块，尸骨就多暴露出一点。我们分辨出下肢的位置；火太大了，原本穿在身上的衣服都没有了，小一点儿的骨头都已经化为灰烬，无法收捡了。

病理学家和海伦不时说几句关于尸骨鉴别的话，我不太懂。但很明显，大火造成了非常严重的破坏，死亡原因已经很难确定了。我们走到尸骨上部那边，手臂和头部，问题很棘手。头骨由于受热变得非常脆弱，而且还被枝条、铁丝和木片缠住了。

我们每个人都挨得很近，挤作一团，尽量不破坏现场。我感觉到自己开始出汗，不是因为紧张，而是因为即便天气寒冷，我们必须穿的防护服里面也会非常潮湿。我们每个人都时不时变换姿势，身体重心在左右脚之间来回转移，避免抽筋。终于，大部分手臂和头骨露了出来，我们这才能继续清理躯干上半部的残骸。海伦把盖在上面的两三张胶合板拉到一边。下面看起来像是门板的残骸，掀开之后，我们都惊讶地倒吸一口气。

死亡原因不再是个谜。一把刻刀出现在胸口中央。我们都感到一阵兴奋，有几分钟甚至激动不已，包括海伦，她可是一位经验相当丰富的法医人类学家。很明显，死者的生命是在另一个暴怒的人手中结束的。

这天工作结束的时候，在我们都从发现这把刀的兴奋中恢复过来之后，我回到伦敦，写报告，继续做我的博物馆负责人。写报告必不可少，但很无聊，远不如电视剧或纪录片刺激。像许多人一样，我看过《沉默的证人》[1]，但只在刚开播的时候。剧很好看，但我很快失去了兴趣——没有克里斯托弗·米洛尼。几个月后，我得知死者的一名家属被控谋杀，随后被判有罪。审判中，没有必要提供植物方面的证据来帮助确定尸体在现场停留了多久，我也没有作为专家证人被传唤。我确信，法庭上讨论的肯定是那把刀！

植物学被用于司法领域已经相当长一段时间了，你大概没想到吧？与植物相关的证据已经出现在法庭上至少 90 年。早年间最著名的案子是美国飞行员查尔斯·林德伯格的幼子被绑架谋杀案。1932 年 3 月 1 日傍晚，奥古斯都·林德伯格从位于新泽西州霍普韦尔自治市的家中楼上卧室里的婴儿床上被带走。第二天早上，发现孩子不见了，他的父亲和家中用人急忙屋里屋外搜寻，发现了一张索要赎金的纸条。他们随后报警，警方很快在距离他家房子约 30 米的地上发现了一架自制梯子。4 年多后，德国移民理查德·布鲁诺·豪普特曼因绑架、谋杀儿童被处以死刑。

林德伯格案是美国现代史上最臭名昭著的案件之一，也产生

[1]《沉默的证人》（*Silent Witness*），1996 年英国广播公司（BBC）首播的犯罪题材电视剧。——译者注

了深远的影响，至今仍存在争议。我不谈争议，专说植物。自制的梯子是此案中最重要的证据。勘验梯子的科学家是威斯康星州麦迪逊市的阿瑟·科勒博士。科勒在美国林业部的林产品实验室工作，是一位木材解剖学专家。庭审做证时，他自称是"为政府鉴定木材的专家"。

逮捕豪普特曼之前，科勒检查了梯子，确认木料来自北卡罗来纳州的松树（学名：*Pinus taeda*，火炬松）。使用显微镜，他还能够确定处理木料表面的机器拥有以每分钟 2700 转的速度旋转的刀片，以每分钟 258 英尺的速度切割木材。老实说，我不知道他是如何做到的，真是不可思议！随后，科勒向 1500 多家木材厂发出质询信，最后重点锁定 25 家。他要求这 25 家木材厂各提供一份刨木样品，用来与梯子进行比对。经过比对发现，从南卡罗来纳州麦考密克镇的朵恩公司寄来的样品最匹配。通过调查该公司的订单和装运记录，科勒最终确定布朗克斯的美国木材加工公司为梯子木料的零售来源。

在调查的这一阶段，科勒还建议警方注意所有嫌疑人的木工工具，尤其是刨子。几个月后，布鲁诺·豪普特曼被捕时，警方发现他有一个木工工具箱，工具箱里有一把刨子。另外还发现，他曾在美国木材加工公司工作，而且从那里购买过木料。科勒仔细检查了豪普特曼刨子刀片上的不规则损伤，发现这正是处理过梯子木料的刨子，因为木料的刨削表面刚好与刀片的不规则损伤匹配。此外，豪普特曼成套的木工工具里缺了一把小凿子，与犯罪现场发现的凿子大小、型号完全相同。

科勒还能够证明，梯子的踏板来自豪普特曼居住的房子阁楼的楼梯和地板。最关键的是，梯子的一部分（在法庭上标为"梯框 16 号"展示），与豪普特曼家阁楼上一块被锯掉一部分的地板刚好匹配。"梯框 16 号"和那块地板木头年轮的曲率完全匹配。除此之外，科勒还证明，梯子木头上发现的四个方形钉眼，与阁楼地板上钉眼的分布相匹配。

庭审后不久，科勒接受了电台采访，他表示："经过这么多年的工作，我已经确信，树木的证词绝对可靠。它们把自己的生长历史保存在内部。它们绝对忠实地记录了岁月、风暴、干旱、洪水、伤害以及任何人类的触摸。树从不说谎。你不能伪造或者造一棵树。"虽然他的话听起来有些夸张，但基本正确。我认为还没有人能伪造树的年轮！不过，我们都有可能误解我们所看到的。成为一名优秀科学家最关键的一点，就是确保你的结论由你的观察来支持。

另外关键的一点是，做事不要匆忙。为了让客户满意而匆忙完成工作从来不是明智之举。就我所知，我在为警方所做的工作中只犯过一个错误。我认错了一片叶子。我愚蠢地用警方提供的照片来辨认。根据我的观察，我认为那片叶子有做证据的价值。摄影可能是一种非常有用的工具，但也可能误导人。那次，我就被误导了。照片拍摄的角度掩盖了正确识别所需的一些特征。几个小时后，我又收到警方的一批照片，证明我认错了那片叶子。它其实不是重要证据。冰冷的血在我的血管里流淌了片刻，我拿起了电话。尽管警探先生很有礼貌，但我似乎能听到磨牙的声音。

警方经常用自己团队拍摄的照片来征求我的意见。不幸的是，我还没遇到过一位有植物学天赋的警官。他们拍的植物照片总是很糟糕。要么是风景尺度的，焦点根本不在植物上；要么是叶子或花的一部分，非常抽象。这不是他们的错。如果没有经过正规培训，他们无法把植物能够有助于辨认的显著特征拍摄出来，或者从植物学的角度来看待犯罪现场。

尽管林德伯格案有时被称为第一个在重案中使用植物证据的案件，但其实还有更早的案例。事实上，科勒在林德伯格案庭审做证之前就说过，他以前有过协助刑事调查的经验。1923 年，科勒曾经在威斯康星州约翰·马格努森谋杀案的庭审中做证。马格努森是一个农民，当地政府计划在他的土地上挖排水沟，与他产生争执。他们不仅想挖沟，还要马格努森缴税，支付施工费用。随着纠纷升级，一台装载了 200 加仑（1 英制加仑约等于 4.546092 升）汽油和柴油的挖泥机发生了爆炸。尽管无法证明是蓄意谋杀，但许多人怀疑这不是意外，而是马格努森有意为之。终于，圣诞节过完两天后，悲剧发生了。一枚伪装成包裹的土制铁管炸弹寄到了县委委员詹姆斯·查普曼的家中。炸弹导致查普曼重伤，炸死了他的妻子克莱门汀。科勒曾在马格努森案的庭审中做证。通过使用显微镜对比，能够证明装炸弹的白榆木（学名：*Ulmus americana*，美国榆）盒子，与取自马格努森工作台上的刨花相同。

因此，科勒之前就有过在刑事调查中勘验木材的经验。豪普特曼辩护团队中的一员弗雷德里克·波普意识到科勒的证词可能会让豪普特曼被判有罪，所以他试图阻止科勒做证。波普反对的理由是"这位证人没有资格就木材问题发表意见"。他进一步补充说："我们认为，没有'木材专家'这一类人；他们不被法院认可；地位不如笔迹专家或弹道专家。这不是科学。科勒只是一个在检验树木方面有丰富经验的人，了解树皮以及一些与之类似的东西。"波普接着把科勒的知识比作陪审团成员的知识：很普通，没什么特别的价值。他的努力失败了。在对科勒的资质和经历进行一番调查后，法官托马斯·特伦查德宣布："我现在要对律师说，我认为这位证人具备专家资格。"特伦查德的声明是历史上关键的一刻，证明了植物学在刑事调查中的应用与指纹分析等其他科学技术的应用具有同等价值。

律师试图将科勒的经验简化为"了解树皮以及一些与之类似的东西"，这反映了我们的社会对植物的一种根深蒂固的矛盾心理。根据我在犯罪现场的工作经验，这种对植物学和环境法医学的矛盾心理至今仍然存在。

第 6 章 路旁停车处埋尸案

我参与过的历时最长、最复杂的一个案件，是一名妇女被分居的丈夫残忍杀害的恐怖谋杀案。她被丈夫殴打致死时，他们的孩子们也在家。在家人知情的情况下，她的丈夫开车到一个僻静的地方抛尸。

不久后，她的丈夫被捕并被控谋杀。不幸的是，尽管经过多次审讯，嫌疑人不知是不愿还是不能，总之未能带警方找到被害人的尸体。嫌疑人的家属供认曾帮助他在一个路旁停车处处理尸体。家属和嫌疑人都说不记得是哪里了。起初，警方掌握的关于埋尸地点的信息非常有限。目击者证词含糊不清，也可能不可靠。后来，经过采集手机信号数据、自动车牌识别、呼吁公众提供线索等大量艰苦的工作，警方基本确定了尸体大概在哪一段路上。不幸的是，这个区域仍然很大：大约 10 英里长的交通干道，其中大部分是双车道。警方花了几个月的时间在沿路的各个停车处搜寻，最后决定向专业的法医人类学家苏菲求助。

苏菲打电话给我，请我协助搜寻。沿途有许多停车处，警方目前在设法攻克其中两个。任重道远。去现场之前，我收到了警

方提供的各种地图，详细标明了搜索区域。文件都是通过加密
CD 或安全电子邮件发送给我的。我还在电话里和苏菲进行了很
长时间的讨论。我们勘查的第一个地点面积很大且情况复杂，有
沟渠、树篱、小溪、林地和牧场。这片土地毗邻主干道边上一个
比较大的、使用很频繁的停车处，所以会很吵。我们也很可能会
引起媒体的注意。

我坐火车从伦敦过来，旅途稍微有点儿长。到达这个英格兰
北部小镇的时候，时间还很早。这里相当富裕，但周围仍然没有
像样的咖啡馆。我自言自语地抱怨着，离开了车站。我早上五点
就起床了，我讨厌清晨。这里还非常冷；在伦敦住了 30 年，我
变得孱弱了。我曾经很强健。20 世纪 80 年代初，我十几岁时住
的房子非常冷，记得有一年冬天，我母亲床边的一杯牛奶一夜之
间冻成了固体。我打起精神，做好了迎接苏菲的准备。她肯定会
完全清醒，也会要求我全神贯注，这倒是合情合理的要求。苏菲
把车子减速停了下来，我跌跌撞撞走过去上了车。车子驶离小镇。
路上，苏菲又讲了一遍案子，我努力让自己看上去头脑清醒。苏
菲现在已经十分了解我了，知道这是假象。我们又恶补了八卦：
她办公室里的事，我博物馆里的事，她家孩子们的事，等等。我
喜欢苏菲的陪伴，她有我最喜欢的那种幽默和直率。我们两个都
玩不了扑克，我们会把对其他玩家的判断都清楚地写在脸上，尤
其是看到他们闭口不言或者信心满满的时候！

车子驶向目的地，我能看到两辆警用面包车、一辆有标记的
警车，还有一辆没有标记的车，可能是警探的。这里地势平坦，

是典型的泛洪平原地区。我已经能感觉到土壤会是什么样子了。我脑子里有一张粗略的英国地质地图，我很擅长根据车窗外的景象来判断土壤类型。我也在和自己玩一个小小的心理游戏——预测我下车时会看到什么植物。部分植物明显相当古老，树篱即使从远处也能看出来很老。但也有些树树龄可能不到 30 年，这些树显然是修路时为了保护附近住宅而种植的隔离屏障，看起来像一片林地，有些树也很高大，但地面植被非常有限。对我来说，这不是林地，这是种植园。我努力激活我那仍然处于半麻木状态的大脑。下车时，再次袭来的寒冷帮了我的忙。同时，我也提醒自己，每个办案团队都不一样。接触每个新团队时，我必须去了解他们的行事风格和习惯。一般来说，这需要我暂时闭嘴，但时间不会太长。

我很快意识到我以前曾经跟这个团队中的一些人合作过。总的来说，我很高兴。我和这个警队合作过数次，我很喜欢他们。但我也知道，接下来的几天，我要靠薯片、巧克力、速溶咖啡和三明治度日了，而且是坐在面包车里或站在路边吃完。大家彼此介绍后，我立刻忘了所有人的名字，甚至包括以前合作过的几个（过后我得去麻烦苏菲了，她会知道的）。然后，我们总体讨论了一下现场，回顾了一遍让警方决定首先搜索这个地点的一些信息（例如手机数据）。简要的情况说明结束后，我脱身去看了看植物。我想熟悉一下该地区的生态环境，另外也想让脑子更清醒些。现在是早上 9 点半，我起床的时间！我有点儿沾沾自喜：我在车上对植被的判断基本正确。这片草原比我想象得更有趣。物种非常丰富，但遗憾的是，这里看上去乏人问津，几乎没有放牧或收割干草的迹象。树苗刚刚长成，再过 10 年左右，草原就基本上消失了，这真让我生气。物种丰富的低地草原是我们最濒危的动植物栖息地之一，其珍贵程度远远超过林地。到目前为止，人类已经失去了超过 97% 的草原。

我们决定把工作重点放在最有可能深夜匆忙埋尸的地方，也就是离停车处和路边最近的地方。即使死者很矮小，搬运时也会很快让人感到非常重，除非作案者非常强壮，否则很少有尸体被搬运或拖拽超过 50 米的情况。我们从停车处旁边的一条沟及其附近的植被开始。这条沟长约 200 米，宽约 8 米，而且很深，有些地方足有 2 米多深，两边很陡。沟底有些地方非常潮湿；这不奇怪，因为雨已经连续下了 10 天，中间几乎没停过。

从路边看，这条沟甚至算得上很美：植被茂盛，里面点缀着小树和高大的灌木（山楂），上面结满了红色的果实。可事实上，这条沟很可怕。这主要是因为我们人类当中有很大一部分人非常恶劣，他们把不想要的东西统统倒在沟里。这是一个悲剧。沟渠里藏着令人惊叹的植物，英国最珍稀的植物之一，泽菊（学名：*Jacobaea paludosa*，沼生千里光）的最后一个生存堡垒就在一条沟里。那条沟夹在一个停满了卡车的路旁停车处和一块耕地之间，而这条沟里则散落着破碎的汽车部件，主要是保险杠和轮毂盖。成堆的建筑瓦砾和废弃的厨房水槽反映了这条沟被垃圾倾倒者频繁光顾的历史。不过，主要的垃圾还是堆积如山的快餐包装。我甚至开始产生怨恨之情。这里还有一股恶臭，不是落叶和根茎分解形成的丰富的天然化合物的味道，那种味道更接近家里的臭味儿。那是无数卡车司机的尿液与人类粪便混合而成的味道。这不是我第一次站在屎尿堆里了。我叹了口气，继续做事，同时感谢我的远见卓识——穿了我最好的防水靴。回家之前，这双鞋需要好好刷刷了。

我在沟里来回跋涉，寻找秘密埋尸的迹象。什么都没有，看来没法速战速决了。我和苏菲短暂碰头，商量接下来怎么办。这个区域非常大，我们决定将其划分成 10 米一段，各个攻破。我们用卷尺测量着做分区标记，同时各自绘制自己的分区图。苏菲的草图侧重于整体环境，而我的则侧重植物。我拍了一系列照片，将植物做了记录。然后我们开始更详细地勘查。我们低着头来回扫视地面，以各自的方式搜寻着。我努力寻找植物受损的迹象，或者看起来奇怪或偏离了自然位置的植物。我们时不时讨论几句，看看是否有什么东西引起了我们的注意。如果有，就在那里插一面小旗子，表示需要进一步查看。初步勘查完成后，地面插满了小红旗。我们将旗子的位置绘制到草图上。我们检查每个插旗的地方，发现没有翻挖的迹象后，就将其从列表中画掉。大约一小时后，所有的小红旗都拿掉了。一个 10 米见方的区域完成了。还有 19 个散发着大小便的臭气，布满黑莓灌木、荨麻和荆棘的区域等待处理。该喝一杯速溶咖啡，吃一块巧克力了。如果需要去洗手间，我们必须找到一个远离这个地方的私密空间，或者等到晚上。提供便携式厕所的待遇并不常见，这也取决于不同的办案团队。

快速给自己充电之后，我们继续勘查剩余的 19 个区域。幸运的是，离停车处中间越远，翻挖的迹象就越少，臭味儿也小多了。勘查到 20 号的时候，已经是下午 3 点左右了。到目前为止，我们没发现任何重要线索。我们挤出时间吃了一顿迟来的午餐。就我而言，那是一个被蛋黄酱糟蹋了的奶酪三明治。午餐时间的谈话从抱怨膝盖酸痛开始，不过很快就转入正题，讨论起我们接下来要做的事情。一名警探也来到现场，苏菲向他简要介绍了我们的进展。他看起来很郁闷，显然他觉得这个地方看上去很有希望，他想早点取得突破，我们都想。看起来雨夹雪快来了。我们讨论接下来的首要任务是什么。

显然，警方搜查顾问团队里有些人迫切希望做些什么。坐在那里等看来自伦敦的故弄玄虚的植物学家看花看草，这可不符合他们的天性。有人建议搞一台小型挖掘机来"加快速度"。苏菲脸都白了，她在使用外交技巧时会这样。她平静地表示，这不是个好主意。我察觉到她说话的时候会稍作停顿以便调整呼吸。虽然我没说话，但心里同意她的观点。农业和园艺的背景让我能够分辨出土壤何时已经承载了它所能承受的最大水量。在饱和黏土上驾驶重型车辆无异于自找麻烦。这里会变成一片沼潭。现场会变得很可怕，甚至在这里作业都可能会有危险。苏菲很有分寸地解释说，重型机械可能会对证据造成重大伤害，尤其是对被害者遗体。谢天谢地，这个想法暂时搁置了。

剩下的三个主要搜索区域分别是两大片野地及其周围的树篱，一条小溪（溪边是茂密、扎人的刺李），还有那片种植园林地。根据目击者提供的信息，警方倾向于野地和树篱。警方搜查顾问团队已经在现场几天了，领队告诉我们，他们已经沿着溪边的树篱"看了一眼"，挖了几个坑。苏菲的脸又一次白了。我能猜到接下来会发生什么。她问那位警官，是否有他们挖掘地点的示意图。没有。不过警官说他知道确切的位置在哪里。事实证明，他们并不十分确定。我们花了一些时间来确定他们挖掘的位置。

这种事让人很想翻白眼。不过，为警方搜查顾问团队考虑一下吧，他们已经窝在警用面包车里好几天了，他们大部分人可能从来没有乡村(疑似)犯罪现场的出警经验。从我看到的情况来看，他们接受的相关培训很少，无法适应这样的环境。大多数重案都发生在家中、街上或者工作场所，乡村的犯罪现场很少见，因此警察一般没有太多机会到这样的地方出警。据我所见，一旦出现非典型现场，他们基本上是"在职培训"，实践中边做边学。可是，犯罪现场的无记录行动有可能会帮倒忙。苏菲和我必须重新勘查挖掘地点，确保没有遗漏任何东西。

为了更好地查看树篱内侧和河岸，我爬到了河床上。尽管前几天一直下大雨，但小溪的这一段水还是很浅。这条溪流很窄，但两岸陡峭。显然，凌晨两点把受害者的尸体弄到这里会很困难，但并非不可能。因此，我必须继续排查。几百米后，我的手机发出嗡鸣声。我掏出手机，查看电子邮件，我同时在协助调查另一起谋杀案，没什么重要的事。我准备把手机收起来的时候，稍微绊了一下，手机掉到了河里。我一边咒骂，一边把手伸进冰冷的水中，捞回了手机。神奇的是，居然没坏。几位警方搜查顾问笑了起来。

之后，苏菲和我沿着溪边的树篱反复勘查。勘查过程中，我们找到了警方搜查顾问团队之前挖掘的地方。另外一两堆土显然与獾和狐狸的活动有关，我们也进行了勘查。我率先完成了我在这一部分的工作，还有一点空闲时间，我把上午的工作做了记录。笔记写完后，我和一名警方搜查顾问聊了起来。他是退役军人，曾在战时服役。话题不知怎么转向了格斗技巧，他很高兴地给我演示了如何用一两个技巧性的动作迅速将我制服，很好玩。他轻轻地在我身上示范这些动作能让人有多疼，真是疼得想骂人。他显然对我的回答很满意，还想再给我演示几招。我叫他滚开，他哈哈大笑。该休息一会儿，喝杯咖啡了。苏菲终于也完成了溪边树篱的勘查。由于一直匍匐在地，她浑身泥泞，什么也没发现。

此时天已经黑了，该结束了。还有一个区域我们需要更仔细地勘查，那个位置靠近道路下面的涵洞（让溪流从道路下方穿过）。那里有一大片裸露的淤泥，很容易挖掘。返回酒店的路上，苏菲和我讨论了这一天精疲力竭的工作，为缺乏突破而感到惋惜。

酒店位于城外，在一条了无生气的主干道边，看起来有点儿荒凉，今晚不能闲逛了。我们告诉前台我们要在这里吃晚饭。我们有五个人，警方搜查顾问团队的几名队员也加入了我们的行列；他们离家太远，第二天早上返程会很困难。真是很有趣的夜晚，我有机会了解更多他们为警方效力的生活。队员们分享了很多他们调查过的案件，我也喋喋不休地讲了一些关于植物及其如何应用于犯罪现场调查的事。晚饭后，笔记本电脑登场。我们坐在酒吧一个安静的角落里，讨论这个案子以及我们现在勘查的现场。

我们回顾了当天的行动，讨论接下来如何继续。

有一件事是肯定的：需要一支水下作业小组搜索道路下的涵洞。那条涵洞很长，很暗，可能很危险。我们喝了几品脱（1 英制品脱约等于 0.56 升）啤酒，聊得很愉快，对彼此的了解又多了一点。整个晚上气氛都很愉快。警方搜查顾问的队员们又跟我分享了更多他们的故事，关于他们长时间、高强度的工作，面对的暴力，维持家庭关系的困难，等等。这种情况很容易演变成无度的酗酒。幸运的是，我们都决定该睡觉了。

第二天早上，天气果然格外冷冽，夜里霜降得很厉害。天空布满浓重的灰色云层。毫无疑问，一大波雨夹雪正在向我们袭来。我有一块很漂亮的绸子，我用来当披巾；特别冷的时候，我会把它裹在腹部。我很喜欢这块披巾，已经用了好几年。我曾经在伦敦参加过一次特色活动，是南亚风情的印度迪斯科舞会。一个异装女王落下了这块披巾，被我据为己有。此刻，我将遥远的南亚风情带到了英格兰北部荒凉的公路边，我的内心感到一阵轻快的愉悦。

这一天的第一项任务就是勘查野地。警方已经做了一些搜寻工作，寻找草丛中可能埋尸的地方。不过他们记不清具体挖过哪里了，我们花了点时间才找到每个挖掘地点。草地上的秘密很难处理，如果挖掘掩埋的人有意掩饰，草地上的翻挖痕迹会很快消失。警方雇了一架无人机对野地进行空中勘测。无人机上配备了类似雷达的专用设备，可以透过地面，探测到异常情况。我们盯着地图，想要确定哪一个色块的区域最有可能是秘密埋尸的地点。有些看起来太小了，不像埋尸地点。没有信息表明行凶者肢解了尸体，因此我们关注的都是比较大的、存在翻挖迹象的区域。但是，我们不能排除嫌疑人做了一些出乎意料的事情。

尽管警察和法医人类学家在预测人类行为方面有丰富的经验，但有时意想不到的事情也会发生。一位同行，跟我一样也是涉足法医领域的专家，曾给我讲过一个令人称奇的故事。一名男子杀了人，警方确信是他干的，但无法找到尸体。没有尸体并不能阻止审判的进行，但被害者遗体通常含有大量关于犯罪过程的证据。这些信息不仅关系到法官判定嫌疑人是否有罪，而且对如何量刑也非常重要。法官量刑时会考虑提交给法庭的关于受害者受伤严重程度的证据，而要想判断受害者受伤的严重程度，最好的方法就是通过尸检。警方搜查了他们认为嫌疑人处理尸体的地方，但没有发现地面上有翻挖过的、足以容纳成年人尸体的地方。不过，有一小块区域，大约井盖大小，有挖掘的痕迹。警方没期待从中能有什么发现，但还是勉强同意让法医人类学家对该区域进行勘查。大约半小时后，挖了个浅坑出来，下面仍然有翻挖过的迹象。于是继续挖，最终挖了几英尺深，什么也没看到。法医人类学家随后注意到，坑的一侧土壤很松，有一个洞穴向侧面延伸。他们在这个洞穴里发现了被害者的遗体，被折叠成胎儿的姿势。令人惊讶的是，目击者证词表明，杀人者在不到2小时的时间里就挖出了这个洞穴。这不仅需要高超的技巧，而且需要相当大的力量。

　　凶手有时也会挖浅坑来掩埋个人物品或染血的衣物。我们需要检查航测发现的每一个异常之处。我开始独自对整个场地进行勘查，而苏菲和警方搜查顾问团队则集中在路边的一个区域，警方认为那里有可能是埋尸地点。我沿着树篱搜寻人为破坏的迹象。树木和灌木上大部分叶子都脱落了，许多地方的地面都被落叶覆盖。犯罪发生在几个月前，勘查延后没有任何益处。随着时间的推移，寻找植被受损的迹象会越来越困难。

　　绕着这片野地走一圈就花了我几个小时，有几百码（1 码约等于 0.9144 米）。四周大部分地方基本上进不来人，多年的荒芜导致大片的灌木(黑莓和山楂)疯狂生长。周围都是高大的植被，以荨麻和夹竹桃柳叶草（学名：*Epilobium angustifolium*，柳兰）为主。我可以看出，至少从年初以来，这些植物没有受到过人为破坏，因为植物没有受损或新生的迹象。一个人半夜拖着沉重的尸体从这里穿过，会留下很长的痕迹。

　　我开始专注于野地中心比较矮的草丛和无人机发现异常的地点。有些异常位于灌木丛深处，显然不是最近才出现的，很可能是农业活动留下的，比如给动物准备的水槽。我在我的草图和笔记中记录了这些异常处和我的观察结果。野地上大部分是牧草、莎草和灯芯草，高度从脚踝到大腿不等。莎草和灯芯草都是草类植物，潮湿的地方比较常见。这个区域内发现的异常之处其实都是一些农业或家庭废弃物，其中一个是一堆厚厚的草料，看起来像是前一年割草后遗留下来的。这片野地现在基本上只有遛狗的人在用了，有一条小路看起来好像有人一直在维护。总的来说，我还剩下两三个看起来值得勘查的地方，但我不抱希望，看起来就不像。

寒冷的黄昏来临时，我们完成了所有勘查，却一无所获。我们回到酒店，再次拿起乏味的菜单，我又吃了蒜蓉蘑菇。工作没有停止。回到房间快速冲了个澡后，我们又在酒店里集合，讨论一天的进展，也回顾了一下可能跟接下来几天的工作相关的案件线索。又是约翰史密斯牌啤酒。我讨厌这种啤酒，但要么就是福斯特[1]，没的选。我们都觉得有点儿泄气。我们离那个停车处越远，就越不可能找到任何东西。

第二天我们的工作方法有点儿不同。我们要搜查种植园，那里无法有效使用航空勘测或雷达。树枝遮挡了视线，树根在地下错综复杂地盘绕，很难识别到异常。全要靠植物学和苏菲的经验了。那天晚上，我们得知一名警方搜查顾问已经和一个当地农民聊过了，农民愿意把他的小型挖掘机租给警方来协助搜索。我内心一个嘲讽的声音低声说道："真是善解人意呢。一台创收的小小挖掘机！"我们感觉到，这一次我们没法说服他们了，挖掘机很快就会现场就位。

从植物学的角度来看，种植园是个乏味的东西。现场大部分地面覆盖着常春藤（学名：*Hedera* spp.，常春藤属）。春天开过的花还残留着一点迹象，主要是蓝铃，毫无疑问是非本土的杂交

---

[1] 约翰史密斯（John Smith's），福斯特（Foster's），都是英国啤酒品牌。——译者注

种——马萨特蓝铃花（学名：*Hyacinthoides × massartiana*；中间的乘号意味着这是一个杂交品种）。虽然是个园艺品种，但经常出现在小村镇附近的野地里。这里的蓝铃花，稻草色的枝条已经干枯，至少生长了六个月。树下，除了荨麻、黑莓灌木和零星出现的水杨梅（学名：*Geum urbanum*，欧亚路边青）外，很少有其他植物。从植物学上讲，这里很难让我兴奋。

相较野地来说，林地草图的绘制需要更精细一点。绘制林地草图会有点儿棘手，因为很难让固定点一直保持在视线内。固定点是所有测量和绘图的基础，一般来说应该是一个比较大的、固定的物体，比如一棵大树或一根电线杆。即便是这么大的一个东西，在林地里想要一直看清楚也很困难。跟停车处一样，我们将种植园分成 10 米见方的区域，一共 40 多个。

勘查主要集中在离道路和野地边界最近的区域。这里有很多人类活动的迹象，我的草图很快变得非常复杂。相比停车处来说，林地边缘似乎是更体面的如厕之所，脸皮薄的人更喜欢，而其他区域则被附近社会意识较差的居民当成了垃圾场。我总是感到费解：爱好园艺、喜欢侍弄花花草草的人，难道不是应该希望世界变得更美吗？可是他们却满不在乎地把垃圾倒得到处都是。不只园艺垃圾，这里还有很多建筑瓦砾和废弃的家用电器。所有这些都必须进行勘查和记录。

我用几小时画了草图，我对结果很满意。标绘纸上，数不清的圆圈、交叉线和阴影区构成了一幅错综复杂的地图，那些图形表示有翻挖迹象的区域及其周围的植被。我最终确定了 40 多个需要勘查的位置。小红旗可能不够用了。每个位置都需要拍照，然后才能开始勘查。幸运的是，我们很快就完成了所有位置的勘查并一一排除了。大部分都是倾倒的垃圾堆积在地面上，很容易确认没有挖掘迹象。只有几堆碎石块看起来挺大，下面有可能藏尸。

没想到，随着光线渐暗，我们竟然干完了。我们在现场已经三天了，没有任何发现。我们回到酒店，收拾行李回家。一无所获让人很失望，被害者的亲友没能亲眼看着她和她道别。回到办公室后，我们还得把现场记录写完，草图也要整理归档，还有照片，这些东西未来可能很重要。这些资料详细记录了我们所做的事。如果被害者的遗体不幸就在现场而我们未能发现，这份记录就能解释为什么会这样。

第 7 章 墓地搜查、寻尸犬与尸胺

我们那三天勘查的只是疑似埋尸地点的一个路旁停车处。沿着那条主干道，需要搜查的地方还有很多。之后我又去了几次，勘查其他停车处。这起案件是我处理过历时最长、最复杂的案件。警方在现场的时间比我还要长得多。待在犯罪现场几天就好像连续两周加班加点工作。幸运的是，我可以逃离这种紧张，不像警察，他们必须一直这样。对刑侦人员来说，寻找死者是一项非常艰苦、困难的任务。我们勘查第一个停车处之后不久，警方用挖掘机翻挖了我们搜索过的一部分野地。令他们和死者家属失望的是，什么都没找到。我却暗暗松了口气，虽然这样很自私。如果我忽略了什么东西，那对我的职业来说会很尴尬。

警方使用挖掘机这件事让我有一种感觉，他们就好像有一种男孩想要玩玩具的强烈愿望。警方并不是公开表明不信任应用植物学或土壤科学等学科的环境法医学勘查，他们甚至都没意识到这种行为代表了不信任。他们似乎有一种根深蒂固的冲动，那就是使用大型设备来做一些有力度的事情。在我参与过的另一个案件中，这种冲动几乎导致一场闹剧，并且还有一定程度的危险性。就像路旁停车处埋尸案一样，那一次我们也在寻找被谋杀的受害者。但在这起案件中，被害者失踪了近十年。一份目击者证词表明，埋尸地点位于一条小溪源头旁的低洼野地。溪边的土地非常泥泞，就像一块大果冻一样，走在上面都很困难。尽管我们表示很担心，但警方还是找了当地一个农民帮忙。这个农民显然对犯罪现场调查很着迷，跃跃欲试想要好好表现一番。他开动了小型挖掘机，但很快就陷住了，差点翻到泥地里。于是，警方又找了一辆小型拖拉机来拖拽挖掘机，也陷住了。最后，现场出现了一个相当荒唐的场景：三辆车绑在一起，连成一条线，拖拽挖掘机。等到挖掘机终于被拽出来，现场已经搅成一片泥泞的烂摊子。我讲这件事并不是为了嘲讽当时那些人（尽管他们受点嘲讽也不冤），而是为了指出，人类有一种不幸的倾向，就是总想用复杂的方法解决简单的问题。几双长筒雨靴，外加一点儿耐心，明明就够了。

警方会使用一些机密方法来推断那些藏匿毒品或非法武器等违禁品的人的想法。这些方法主要就是研究人在自然环境中试图隐藏自己的行为时会有哪些表现。刑侦人员会考虑环境的重要特征，如水体、树木、地形、光源等，以此来评估可能的秘密埋藏地点。毫不奇怪，他们对我们分享的详细知识和经验并不十分热衷，大多数搜查工作都是警方利用自己的资源完成的。

现在距离我第一次参与路旁停车处埋尸案的现场调查已经好几年了，警方的搜查仍在继续。谢天谢地，凶手已经被关进监狱，他们的罪行真的很可怕。正如我前面提到的，这种搜查高度依赖目击者证词。尽管目击者尽了最大努力，但是人处于压力之下时，很容易忘记一些信息。我们经常会忘记一点：犯下谋杀这样的严重罪行是有很大压力的。凶手的大脑需要高速运转，想办法摆脱自己所处的困境。他们自己可能都没意识到，他们会关注并且记住犯罪过程中的某些细节，还有些人会迷失自我或性情大变。另外，很多时候，犯罪嫌疑人会觉得找到受害者对他们不利，或者他们通过误导警方来获得操纵感或愉悦感。目击者证词也可能不可靠，这种情况会导致警方去搜查错误的地方。

我经常会想起那个路旁停车处埋尸案的受害者，想到她仍然独自一人流落在外，家人甚至无法到她的墓前哀悼，我就非常难过。我觉得我们已经尽了最大努力。每个有可能是埋尸地点的位置，我们都记录并且搜查了，必要时还进行了挖掘。希望有一天，事情能出现转机，警方能找到她。我非常希望自己能在现场亲眼见证这一幕。

犯罪分子经常利用墓地来掩盖他们的犯罪活动。墓地常被视为藏匿赃物、枪支、毒品或被害者遗体的理想场所。墓地很方便：几栋房子构成的一个小住宅区，旁边至少就有一块墓地。想象一下，你刚刚杀了人，现在是凌晨两点，你需要迅速把被害者藏起来，最近的墓地可能是首选。大多数墓地不仅有大量的树木作为掩护，而且通常光线不足，黄昏后还没有多少（活）人。此外，通常也不会有太多来自窗户的窥视，因为大部分人不喜欢窗户对着墓地。一个挨一个的石墓，还有各种装饰物，也起到遮挡视线的作用，方便凶手处理尸体。

还有一种观点认为，由于墓地尸体众多，寻尸犬很难找到被害者。寻尸犬在刑侦中被广泛使用，不仅限于谋杀案。寻尸犬也用于寻找据事实推断已经死亡的失踪人员，特别是在海啸或地震等自然灾害以及恐怖袭击等暴行中失踪的人。寻尸犬多用德国牧羊犬或拉布拉多犬，通过训练，它们可以识别人类腐尸的气味，这种训练通常长达两年。训练中可以使用多种气味源，有人造的，也有天然的，比如志愿者捐献的人体骨骼或胎盘。

墓地那些合法埋葬的遗体释出的气味是否会掩盖秘密埋尸的气味，目前尚不清楚。我们还不太了解那些产生气味、渗入土壤并进入空气中的挥发性有机化合物在不同的土壤条件和其他环境因素（如空气温度和湿度）的影响下会发生怎样的化学反应。一具尸体，包括尸体上的微生物群落，会释放出数百种挥发性有机化合物，其中最众所周知的是腐胺、尸胺、粪臭素和吲哚。

低浓度下，粪臭素和吲哚具有令人愉悦的花香。人工合成的粪臭素用于制造香水，代替灵猫香或与檀香油合用。粪臭素还可以用来给冰淇淋等食物调味，也可以加入香烟中。如果你喜欢侍弄花草，每次你闻到茉莉花或橘子花令人陶醉的香味儿，你都在吸入粪臭素。许多昆虫都被粪臭素吸引，尤其是苍蝇、甲虫和雄性长舌蜂（也称兰花蜂）。植物产生粪臭素作为吸引这些传粉昆虫的手段。犯罪分子希望墓地里埋葬 6 英尺深的、装在棺材里的尸体，能够掩盖埋得更接近地面的受害者尸体的气味，这种想法未免过于乐观了。不管怎样，他们还是想试试。

寻尸犬和人一样，也容易犯错。几年前我参与过一个案子，寻找一名女性被害者的遗体。据信她被男友谋杀，埋在家附近的公园里。我和苏菲一起对公园进行了几个小时的勘查，确定了一些可疑地点后，警方决定使用寻尸犬，认为可以让搜查更有效地进行。每只犬的有效搜寻时间很有限，超过那个时间犬会疲劳，无法集中注意力。因此，寻尸犬轮流上阵，确保我们的时间得到最有效的利用。

令人满意的是，寻尸犬对苏菲和我认为最有希望的几个地点反应强烈，但仍不能最后确定，所以经过一番讨论后，我们决定使用螺旋钻探查最有希望的地点。螺旋钻基本上就是一个一两英尺长，做螺旋式转动的电钻。钻头钻入地下，让更多的挥发性有机物释放出来，寻尸犬就更容易发现尸体。这种形式的探查是有争议的，因为是否能达到预期效果并不完全确定；化合物的挥发性似乎更大程度上取决于环境条件，如温度和湿度。更重要的是，还存在一个重大风险：证据或被害人的遗体可能会被螺旋钻破坏。毫无疑问，苏菲不喜欢这种方法，她极力建议不要这样做。参与刑事调查，需要相当大的耐心和外交手段。很多时候，决策是上层做出的，你只能接受，然后尽自己所能把事情做到最好。这方面苏菲和我有时都觉得很难，我们不是外交官。

我们不太情愿地同意了使用螺旋钻的决定。同时，我们心里带着点儿酸味儿地在笔记上详细记下了关于这个问题的讨论内容、我们的观点和最终结果。所有可疑地点都钻好之后，我们等了半小时，让气体从暴露出来的土壤中散发出来。又一只寻尸犬被带了过来。这只犬在钻过的其中一个地点反应强烈，我们一致同意继续挖掘。在此之前，我们在这个区域进行的都是非正式勘查；直到此时，这里才正式升级为潜在犯罪现场。将一个区域划定为潜在犯罪现场，意味着提高勘查和记录的等级。现场马上拉起了警戒线，我们当中只有需要直接在现场作业的人才允许进入。自然，要穿全套防护服。

从事法医工作的人大部分都对犯罪题材电视剧里经常出现的一类场景深恶痛绝：穿着便衣的刑警队长悠闲地跨过警戒线，进入保护受害者遗体的帐篷。有时，他们甚至会弯腰捡东西，经常是他们在用的笔！规范管理的犯罪现场绝不可能发生这种情况。犯罪现场管理人会用武力制服胆敢妨害公务的人。首先，不论你是谁，你都必须表明身份，登记之后进入现场。负责值守警戒线的警官会坚持这个程序。而且，进入取证现场之前，必须穿上防护服。

那些把人整个包住，沙沙作响的一次性白色连体套装起到非常重要的作用。防护服能保护犯罪现场免受其他来源的污染。一定程度上，防护服也保护了人。当我穿上防护服的时候，我觉得自己既重要又有点儿可笑。这套衣服穿起来很费劲。你的听力变得迟钝，所以你得努力控制自己不要一直说"什么？"或者"对不起，我听不见你说话"。衣服材料还不断发出沙沙声，进一步影响你的听觉。我工作时戴眼镜，口罩改变了呼出气体的方向，让眼镜片上布满水蒸气。冬天，多穿一层是件好事，尤其刮风的时候；而夏天，穿防护服就像身处炼狱一样，里面到处都湿漉漉的。

我们现在正在一个潜在犯罪现场作业，所以我们要花多点时间进行详细的记录，包括照片、草图和大量记录我们活动的笔记。苏菲开始用她的小铲子刮去泥土表面，所有的土壤都需要移到一边，仔细检查是否有潜在的证据。很快，她注意到警方之前挖的一个坑的边缘，那个坑的尺寸大约是 40 厘米 × 30 厘米。我见过法医考古学家和人类学家实施挖掘作业，我总是惊讶于他们竟然能看出未翻挖过的土壤和经过翻挖但已经回填压实的土壤之间的差异。他们的手腕非常灵敏，铲子的每一下动作都紧贴着坑的边缘，又不会造成破坏。我经常需要挖掘植物根茎，我试过模仿这个动作，简直是门艺术！

大约半小时后，一小块粉红色的毛巾映入我们的眼帘。即使对于经验丰富的办案人员来说，包括警探、犯罪现场管理人和团队里的其他成员，这也是一段高度紧张、让人忍不住屏住呼吸的时间。空气中似乎感染了被我们努力克制的兴奋。作为参与办案的专业人士，我们都希望找到受害者；而作为普通人、有同情心的人，我们感到恐惧。亲眼确认有人被谋杀了，这绝不是什么好的体验；我们总希望他们只是失踪而已。这个坑这么小，而且逐渐露出来的毛巾尺寸也不大，这让我们不得不考虑到受害者被肢解的可能性。

从各个角度来看，被肢解的尸体都远比整具尸体更具挑战性。办案团队必须找到尸体的每一部分，这可能相当耗时，而且极难完成。如果有多个埋尸地点，情况就更是如此。肢解后受损的尸体也更难推断造成损伤的原因，因为骨骼和身体组织的损伤可能发生在死亡时，也可能是死亡后。尸体经常会遭受老鼠或狐狸等动物造成的损伤。推断损伤是如何产生的，这对判断案情至关重要。另外，对活着的人来说，听到他们所爱之人死后还遭遇这种不幸，会很难接受。

随着毛巾露出越来越多，我们还能看到一缕缕金色毛发从边缘冒出来。警方曾想核实受害者失踪前的头发颜色，没有人能确定。现在，苏菲终于从坑里取出了毛巾，一点点展开。此时此刻，我们都极度紧张。苏菲轻轻拉开毛巾，我们都感到一阵失望，毛巾里躺着一条小狗。我们知道，又失败了。而且相当滑稽的是，我们刚刚花了几个小时挖别人的宠物狗。

不幸的是，我们无法将小狗送回它的坟墓了，必须带走销毁。不能在这里重新挖坑掩埋，因为这个公园是个犯罪高发地点，将狗的尸体留在这里可能会造成别的问题，浪费未来的刑侦资源。我们继续工作之前，苏菲还有最后两项任务要做。她要先确保狗的尸体下面没有埋别的东西，所以她继续挖掘，一直挖到坑底。什么都没有。这么做是有必要的，因为曾经有过罪犯将被害者遗体埋在动物尸体下面或埋在合法埋葬的遗体下面的案例。苏菲还必须详细记录挖掘过程。可能看起来没有必要，即使是否定的结果也必须加以说明。因为我们可能会犯错，忽略了重要证据（或受害者）。记录我们的行动是为了证明我们已经尽了最大努力。正如这个故事所证明的，即使是专家和寻尸犬也会犯错，不过我们都能从这些经验中学习。

几年前，我对自己做法医工作的能力有些怀疑。这项工作中一件极具挑战性的事情是，从很多方面来说，我不在自己熟悉的领域。每个案子各不相同，不仅犯罪分子对被害人犯下的可怕罪行会千差万别，而且每次罪行发生的环境都是独一无二的。尤其是发生在建筑环境之外的案件，情况更是如此。原因很简单：自然界非常复杂。在我参与过的案件中，自然环境和植物几乎总有不同之处，不是这方面不同，就是那方面不同。这就会让我每次着手处理一个新现场时总有一种不确定的感觉。我总觉得，大家在期待着我的到来能够解决警方亟须解决的迫切问题。有时候，这会让我觉得自己没有资格胜任这份工作。通常这种情绪都是由某种程度的不安全感造成的——被经验丰富的专业人士包围是很有挑战性的，尤其是在犯罪现场！苏菲非常和蔼而又简洁明了地告诉我，我这种感觉是错误的。她指出，大多数警探在他们的职业生涯中只会处理一两起涉及自然环境和植物的重案。大部分严重犯罪发生在建筑环境中，大多数被害者死亡后最多几天内就会被发现。就这样在摇摆不定中，我已经处理了大约 20 起这种性质的严重犯罪。相对来说，我是个老手了！随着我越来越有经验，这种不自信的感觉已经减弱了，但我提醒自己小心，不要让傲慢取而代之。慢慢地，最近几年我开始有了一种奇怪的畏缩感，尤其是有些案子里，我认为我们的做法不是最佳方案的时候。对大部分警方团队来说（也包括一部分法医鉴定人员），部分问题在于，由于此类案件相对罕见，他们并没有准备好去处理这些案件。

当我得知英格兰和威尔士的许多教堂墓地都没有关于逝者埋葬地点的准确信息的时候，我是非常震惊的。对于那些几百年前去世的人，倒也能理解；可是就连近年下葬的也是如此。典型的英国墓地遵循国家法律法规、教会传统、地方当局的规章制度，以及许多其他宗教和非宗教机构的规范做法。一般来说，只有地方当局需要保存墓地地图。在我看来，这相当"不一般"，而且非常不利于我们这些从事刑事调查的人员。

几年前有一起悬案，一名未成年人据信被一个恋童癖者杀害。由于有新的目击证人向警方提供了可靠信息，这个案子又重新启动。一个重要搜索区域是当地的一座教堂。这座教堂的墓地已有几百年历史，而除了近年来下葬的，教会无法向警方提供有关20世纪末下葬的任何准确信息。因此，警方不得不假设整个墓地都可能是这名少年遗体的埋藏地点。

警方和与之合作的司法鉴定机构请我协助寻找受害者遗体。这类案件中，植物可以成为找到受害者的有用工具，但也有局限性。通常，人为损害的痕迹随着时间流逝会越来越少，2至5年后消失，这个案子大约有30年了。不仅如此，墓地通常都会得到非常积极的维护，并且总有很多活动。人们来到墓地悼念亲人，在坟墓上种植鲜花或小灌木。维护人员修剪草坪、树木和灌木。而且，如果墓地仍在使用，就会有新的逝者下葬。所有这些复杂的人类活动拼凑在一起，很难识别非法活动的痕迹。我度过了相当沮丧的一天，希望能找到一些有用的痕迹，但一无所获。我最终什么也没找到。据我所知，受害者的遗体至今仍未找到，他的家人仍然终日惶惶不安。

还有一个案子，我当时花了三天时间，徘徊在一个非常大的维多利亚时代的墓地。我当时是协助警方寻找一个被犯罪团伙折磨、谋杀的受害人。据信，死者遇害不超过六个月。那几天很累。当时正值仲夏，酷暑难耐，勘查工作又极其耗时。我拿着墓地地图，勘查了一万多座坟墓，寻找人为活动的迹象。如果受害者在这片墓地，找到的希望是很大的。这里大部分坟墓都很简单，只有一块墓碑。对于这类坟墓，我只需要寻找草皮受损或地表碎石移动的迹象。每次我发现有不寻常的地方，都会记录在墓地地图上。

还有一小部分坟墓更宏伟一点，要么是整块大石板，要么是更精致的墓室。墓室有时会受到罪犯的青睐，因为可以将盖板推到一侧，将违禁品或受害者遗体放入墓室，再将盖板归位。搜查小组的一个任务就是检查这些墓是否有被动过的痕迹。如果有比较明显的痕迹，比如近期石板断裂或撬棍等工具造成的划痕，我们也会在我们的草图上标示出来。另外，我还运用我的"神奇植物魔法"，观察植物受损的痕迹。

常春藤（学名：*Hedera* spp.，常春藤属）是我们这里一种大量存在且对生态环境非常重要的植物（既有野生品种，也有人工栽培品种）。对许多无脊椎动物来说，常春藤也是重要的花蜜来源。常春藤常生长于墓地，覆盖着地面、树干和墓碑。按照我们的标准，常春藤是一种非常奇怪的野生植物。它是英伦三岛上唯一一种明显具有两态型特征的野生植物。所谓两态型，就是说常春藤有两个完全不同的生长阶段。幼年期的常春藤，枝条细长、弯曲，通常紧贴于生长表面。枝条一侧有短而细的根，这些根通常牢固地附着于接触到的任何东西上，帮助常春藤攀爬。而成年期的常春藤就不是这种弯弯曲曲的生长状态了，更茂密，类似于灌木。这个阶段，枝条开花，最后结出果实。开花的常春藤是多种昆虫的食物源。

幼年的常春藤枝条对我来说是最有用的。要移动一块覆满常春藤的墓板，不损坏枝条或将其分离是不可能的。即使动作极其小心，我也能发现痕迹。对自然历史学家来说，古老的墓地是公认的野生动植物天堂，石板更是绝佳的栖息地，上面经常栖息着丰富的苔藓和地衣群落，还有更大一点的植物，比如蕨类或多肉的脐苔（学名：*Umbilicus rupestris*，脐景天）。这些错综复杂的群落里面也有各种各样的小动物，如水熊虫（也称"小水熊"）。

并非所有墓地石板都是绝佳的栖息地。经过高度抛光的大理石和板岩表面就会让动植物无以为家——除了细菌之外。一般来说，粗糙的石灰岩和花岗岩上面的坑坑洼洼最适合生物栖息。大多数苔藓和地衣都是从相对简单的小孢子诞生的。孢子最常通过水或空气在环境中传播。大部分孢子的直径小于百分之一毫米。大多数孢子永远不会成熟：要么被病毒杀死，要么被捕食性动物吃掉（比如贪吃的水熊虫）。还有许多被阳光中的紫外线杀死或脱水而死。

如果一个孢子成功存活下来，开始生长，它会同时向寄生物表面的各个方向伸展，逐渐变大。年复一年，孢子越长越大，通常会形成一个接近圆形的外形，最新生长的部分在外缘，最老的在中间。存活时间特别长的孢子，中心会死亡，逐渐形成环状。

孢子生长形成的斑块通常出现在石板边缘，并且延伸到相邻的表面上，形成"生物封条"，将墓穴封闭。与常春藤一样，不可能在不破坏"封条"的情况下将墓室的盖板推到一侧。菌落会被撕裂，盖板回到原位后，不太可能严丝合缝地对上。

经过几天让人心力交瘁的徘徊，我在地图上标记了大约 30 座坟墓，我认为这些地方有被动过的痕迹。将我的观察结果与警方搜查团队和我的法医人类学同事的观察结果进行了比照，我们根据可能性的大小将这些地点进行了排序。我们勘查的第一座坟墓是一座维多利亚时代的大型墓室。很多指标让我们觉得这次有可能大功告成：石灰岩上有新近造成的划痕；常春藤和邻近的植被遭到破坏；相邻石板上地衣生长形成的同心圆被破坏，没有对齐。所有这些都进行了详细的记录。

盖板很重，几个膀大腰圆的壮汉合力才能移动。墓室里面光秃秃的，只有沉积了几十年的蜘蛛网和一些不知怎么从缝隙中钻了进去的叶子。地面上是因缺乏光照和水而形成的团块状土壤，很多年没动过了。我们失望地叹了口气，做完笔记，前往下一座坟墓。我们一个接一个，重复类似的过程，直到列表的末尾。我们一无所获。失败了。

失败是一个刺耳的词语，但我们必须接受。我和我的同事们经常失败。找到一个失踪的人有时候是非常难的，大多数搜查都以失败告终。就我所知，警方后来又搜查了该地区的其他可疑地点，但到目前为止，他们仍未找到那个被犯罪团伙殴打致死的受害者。每个参与刑侦的人都必须做好失败的准备。虽然"悬案"一词对公众来说好像有着某种引人入胜的魅力，但对我们来说那意味着失败。到目前为止，失败了。那些著名的悬案，比如房地产经纪人苏西·兰普拉格的失踪和疑似谋杀（1986年7月28日发生于伦敦西南部富勒姆区的一个公寓外），案件成为公众茶余饭后的谈资，却给受害者家属带来巨大的痛苦。苏西失踪近25年后，警方得到消息，表明埋尸地点可能在伍斯特郡珀肖尔镇附近。一名目击者回忆说，大概就在苏西失踪的那段时间，他们在距离一个废弃军营几英里远的野地里看到一个可疑的土堆。有报道称主要嫌疑人约翰·卡南将苏西的尸体埋在那里。2000年和2001年，警方搜查了那片野地。尽管使用了探地雷达并聘请了两名专家，还是什么都没发现。

寻找谋杀案的受害者通常是一件非常复杂的事情。弄错一个因素，成功的概率就会大大降低。比如，有时候警方需要依赖目击者的证词，而所谓的目击者可能就是凶手或其同伙，这种情况经常发生。说出真相并带领警方找到受害者通常对他们不利。不管警方使用的科技多么先进，参与办案的专家经验多么丰富，如果情报是错误的或误导性的，那么找回被害者遗体的可能性就很低。但是，即使失败，也是一种结果。除非我们因失误而错过发现尸体，否则我们就可以确认，受害者不在那个地点。于是，搜查继续进行……

第 8 章 花粉与孢子

热门电视剧和小说中，沾在嫌疑人衣服上的植物花粉通常是将其与某个受害者或犯罪现场锁定的一种方式。当然，并不总是那么简单。花粉在法医界有其优点和缺点。要了解这些优缺点，有必要先简单了解一下花粉是什么。花粉是我们很多人都熟悉的一个词，尤其是那些患有花粉过敏的人，比如花粉热。尽管这个词很熟，但大多数人可能都不知道花粉有多重要。没有它，我们的世界将陷入停滞。地球上的大多数植物都依赖花粉进行繁殖，因为花粉相当于植物的精子。如果没有花粉，花朵中的胚胎不会受精，也不会有种子，因此也就不会有更多的植物、动物、食物或者人了。从过敏的角度来看，大多数植物花粉不会导致花粉热。一般来说，花朵是风媒授粉的植物，如禾本植物和一些乔木，容易引起花粉热；而那些由昆虫或鸟类等动物授粉的植物则不会。怎么分辨？风没有眼睛，所以花不需要吸引风！因此，风媒植物的花很小，通常是绿色。在大多数人眼里，这种小绿花和绿叶是一回事！由动物授粉的花需要吸引动物：或者通过气味（我们可能闻到，也可能闻不到），或者通过鲜艳的颜色。

花粉和植物孢子（有些植物如蕨类，没有花粉）细胞通常有坚韧的外层，这意味着它们可以持续存在很长时间。在合适的环境条件下，花粉粒可以在土壤中存活数千年。花粉和植物孢子这种顽强的韧性靠的是其细胞壁的构成。花粉的细胞外壁主要由孢粉素（孢子花粉素）构成。孢粉素是一种非常顽强的、具有化学惰性的天然生物聚合物。这种强韧的特性，使科学家能够根据古时土壤中的孢粉素来"重现"古代气候。随着气候变化，植物群落发生了改变，花粉的形态也在改变。

花粉在环境中的持久存在是其法医学应用的关键。人的衣服或鞋子上的花粉可以将其与特定地点锁定。这是怎么做到的呢？所有植物都有特定的需求，有些喜欢营养丰富的土壤，有些则需要充足的阳光。这意味着植物只限于在特定类型的环境中生长（生物学中把这些环境叫作栖息地）。西北欧常见的栖息地类型包括林地、海崖、白垩草地等。此外，也有少数植物的生长范围遍布全球。即使在不列颠及爱尔兰，各处都有的植物也不多。这些因素意味着，许多植物在我们的土地上有着不同的分布模式。这些分布模式，正是花粉在法医学中应用的关键。

花粉是法医学中一个很重要的工具，但它有一定的局限性。依靠风来传播的植物花粉往往更广泛地散布于自然环境中。风传粉树木的花粉，如橡树（学名：*Quercus*，栎属）、山毛榉（学名：*Fagus*，水青冈属）或桦树（学名：*Betula*，桦木属），可以吹到数英里之外。这可能会降低某些树木的花粉在法医学中的价值。但是，如果嫌疑犯的鞋子上有大量的橡树、山毛榉和桦树花粉，就表明他曾出现在林地或多树的公园内或附近。不过，这些花粉类型并不能帮助刑侦人员准确定位嫌疑人在林地或公园中的位置。此外，一些风媒植物（如禾本植物）的花粉也很难准确识别。原因是它们需要飘浮在空气中，而有棱有角的形状不利于飞行。这种对浮力的需求导致花粉粒的表面特征相对较少，外形有点儿像汽车气囊。不过，也有一些风媒花粉非常独特，比如松树（学名：*Pinus*，松属）的花粉，我们大学老师上课时候说它外形像米老鼠的头。松树的花粉粒在"头部"两侧有两个膨大的"耳朵"，"耳朵"有助于花粉飘浮在空气中。另外，想要吸引蝙蝠、鸟类和昆虫等动物的花粉往往更重，表面有华丽的凹凸花纹。这种花纹有助于花粉粒粘在一起，或者粘在动物身上，被带到另一朵花上。与风媒授粉植物不同，这些植物的"废弃"花粉往往会落在植物附近的地面上。此外，这些植物花粉粒的表面花纹极其多样（而且非常漂亮），很多植物有其特有的花粉粒纹样。

以上这些意味着，我们可以创建一个花粉图谱，它将嫌疑人与特定地点锁定。一张花粉图谱如果包含分布广泛的林地树木（如橡树、山毛榉和桦树），可能会很有用；如果里面再有一些更有趣的东西，那就更有用了。如果我有幸看到一个花粉图谱，不但包含上述树木，还有其他一些植物，比如金银花（学名：*Lonicera periclymenum*，忍冬）、阔叶葱（学名：*Allium ursinum*，熊蒜）、白头翁（学名：*Anemone nemorosa*，五叶银莲花）和黄色大天使（学名：*Lamium galeobdolon*，花叶野芝麻），我会非常高兴！这个列表等于直接告诉我，犯罪地点不仅是一片林地，而且是一片古林地。顾名思义，古林地非常古老。就英格兰和威尔士而言，我说的古老，代表至少有 400 年历史。古林地不仅古老，而且往往有多种植物，如金银花、银莲花、黄色大天使、阔叶葱等。这些植物品种通常被称为"指标种"，因为它们与特定的栖息地密切相关——就这里举的例子来说，是古林地。

古林地历史悠久，物种丰富，非常稀有。稀有是因为我们的祖先砍伐了大部分林地用于农业、烧柴以及建造房屋和船只；而过去的 200 年里，我们又通过修建铁路、城市和高速公路毁掉了更多林地。如今，我们只有大约 2% 的土地被古林地覆盖。令人惊骇的是，这一数字仍在下降。虽然我对前面提到的那个列表很满意，但要想让我怦然心动，需要的是真正的林地稀有物种。比如，尖刺风铃草（学名：*Phyteuma spicatum*，裂檐花），园艺风铃草（学名：*Campanula* spp.，风铃草属）的近亲，现今在英格兰非常罕见，只在不到十个地方有发现。从一件证物上提取到尖刺风铃草的花粉，会让我去东萨塞克斯郡的海尔沙姆镇和希斯菲尔德镇周围的林地中展开搜寻。这个例子显然有些理想化，但道理显而易见——花粉可以用来将嫌疑人与犯罪现场锁定。

即使死亡后，花粉等生物物质也会留在我们的身体上或身体内。法医研究人员有时会想出一些创新的方法来获取信息。一种方法是通过鼻腔。患了感冒或花粉热时，我们可能会抱怨流鼻涕，但其实黏液是一种神奇而重要的物质。黏液不仅仅是鼻涕，而是一种由盐、酶、抗体和其他蛋白质组成的复杂物质。我们的大部分黏液是消化道产生的，有助于保护胃黏膜免受物理损伤，并减少一些细菌的潜在有害影响。黏液也存在于我们的肺和气道中。这里的黏液会吸附我们可能吸入的小颗粒，尤其是病毒、真菌孢子、细菌和花粉,这非常重要。黏液不仅保护我们,而且是我们所处环境的写照。去过或生活在严重污染的大城市的人都会证明这一点——只要沿着一条主干道散步,鼻孔里很有可能会出现黑色的鼻屎。鼻腔内部很复杂,有些地方非常狭窄。获取这些信息可能颇具挑战性:需要去除面部皮肤和头皮,再去除颅腔的上部;然后清洗,暴露出来内鼻腔,并收集液体;把收集到的液体放到离心机中旋转,使微粒聚集,再将聚集的微粒堆积在载玻片上,放到显微镜下观察;然后就可以识别出花粉和孢子了。

几年前,我参与过一个案件,受害人是一名失踪数周的妇女。警方锁定了一名嫌疑人——她的丈夫。他们搜查了这户人家,带走几件物品取证,包括户外服装、鞋子和一把铁锹。他们还搜查了嫌疑人的车,找到了更多证物。警方还掌握了自动车牌识别(ANPR)数据,显示妻子失踪后不久,他的车离开过他们的乡村小屋,行驶了大约 100 英里,旅途至少跨越了两个郡。警方认为,中途他可能在某个地方偏离路线,处理了被害人的尸体。

警方将从证物中提取的环境样本送往几名专家处进行分析。我收到了一些植物碎片。这些碎片并不能产生什么定论,它们来自草地植物,分布广泛,本身没有什么意义。土壤分析倒是有一些让人振奋的信息。土壤富含碳氢化合物。碳氢化合物与汽车尾气相关,含量高表明这辆车行驶中经过了城区。此外,土壤中还检测到一些化学物质,与一种不常见的工业生产相关,这种工业生产只存在于该地区的某些地方。从证物上提取的土壤中,还发现并识别出了花粉和孢子。其中大多数是广泛分布的草地植物和一些更常见的树木。有一种孢子类型引起了我们的关注。那是一种蕨类植物的孢子，在全国范围内很常见，但在这两个郡，这种植物却很罕见，只在少数几个低地被发现过。基本上，我们需要把精力集中在那两个以乡村环境为主的郡的范围内，与我们的分析结果相符的区域。取证现场很可能位于一个开阔的草地栖息地附近，靠近一个与上述不常见工业生产相关的城区，附近有稀有的蕨类植物。环境信息将搜索区域从几百平方英里（1平方英里约等于2.589平方千米）缩小到了不到20平方英里。我和我的同事们相当满意，摩拳擦掌想要进一步追查。莫名其妙的是，警方没有在这个方向上继续追查。据我所知，这个案子仍然悬而未决。一般来说，我们的工作完成后，就再也听不到消息了。

公众对法医学的认知普遍受到葛瑞森综合征的影响，这是我根据《犯罪现场调查》中男主角吉尔·葛瑞森的名字杜撰的名词。依照热门电视剧的编排模式，刑侦人员和专家通常都是多才多艺的超级英雄。只有当植物学和法医学在谋杀调查中起到重要作用时，我们才会注意到这方面。我进入自然历史博物馆工作后不久，一位名叫乔安妮·尼尔森的女青年于2005年情人节失踪。其后不久，她的男友保罗·戴森被控谋杀。冒着冬雪和严寒进行了长时间的搜查后，警方终于能够缩小行动范围。戴森承认处理了乔安妮的尸体，但表示无法回忆起具体地点。他告诉警方，他把尸体装在垃圾袋里，驾车从赫尔港开往约克市，在一个金属门前抛尸，门上装着绿色的瓶子。

警方带着戴森，行驶过约克郡东部和北部的大片地区，但仍未能找到乔安妮。法医植物学家对戴森的衣服进行了检验，得出的花粉图谱引起了注意。有些花粉来自一种非本土树木，在英国有零星分布。这正是像我这样的人梦寐以求的植物学线索：不常见的植物，而且是大型植物，在自然环境中鹤立鸡群。这种树叫西部铁杉（学名：*Tsuga heterophylla*，异叶铁杉）。除此之外，还发现了桦树和松树的花粉，以及多足蕨（学名：*Polypodium sp.*，多足蕨属）的孢子。

至此，警方和法医植物学家需要寻求业余人士的帮助了。"业余"一词通常有不熟练或不专业的含义，但这里不是。警方求助的业余人士是不列颠诸岛植物学会（现在叫不列颠及爱尔兰植物学会，简称 BSBI）的成员。BSBI 是世界上最古老的自然历史组织之一，其历史可以追溯到 1836 年。它是一个由对英伦诸岛的野生植物了解得比大多数人都深入的专业人士组成的组织。我们对野生植物的了解大多来自 BSBI 提供的专业知识。事实上，这些知识一定程度上驱动了经济发展的方方面面——农业、自然保护、国家公园和规划决策，都有 BSBI 专业知识的介入。1852 年，一个名叫休伊特·科特雷尔·沃森的人设计了一个系统，让不列颠及爱尔兰的每个地区安排一名记录员负责整理核实该地区的本土和非本土野生植物的信息。我是 21 区——历史悠久的米德尔塞克斯郡——的记录员。英国最大的郡，约克郡，被分成 5 个区。

我们记录员需要做的一件事就是汇编植物志和地图。正是 BSBI 编制的植物地图，让警方得以缩小搜索范围。地图显示，西部铁杉在约克郡的那个区域仅存在于几个地方。围绕地图展开搜索几天后，负责此案的探长雷·希金斯驾车前往布兰兹比附近，与那里的一个搜查小组会合。途中，他和探员菲尔·盖德看到了戴森口中的大门。后来，接受记者采访时，希金斯讲述了事情经过："我们开着车，看到了这个大门——它具备所有特征。我们对视一眼，说：'就是它。'大门四边有绿瓶子，门后一条小路，通向一片树林。"两位警官下了车，在树林里经过一番短暂的搜寻后，发现了乔安妮的尸体，当时一部分尸体直接暴露在外。调查圆满成功，戴森被判有罪。如果没有经验丰富的植物学家运用专业知识协助警探，乔安妮的尸体可能很多年都不会被发现，因为布兰兹比不在赫尔港和约克市之间，最初的搜寻范围并不包括那里。

第 9 章 看起来新

像其他人一样，我们植物学家的兴趣常常被美丽或稀有的事物所激发。我们可能对单调或平凡的事物不那么感兴趣。我们大部分人更愿意看开满兰花的古白垩草地，而不是停尸房附近小巷里被呕吐物和尿液掩盖的荨麻。不过，小巷是我在伦敦最喜欢的一种植物环境；可以说，我对城市植物学和法医学的兴趣已经扭曲了我的兴趣！那里的荨麻不是普通荨麻，而是膜叶荨麻（学名：*Urtica membranacea*，大叶荨麻），一种近年来偶然从地中海地区引进的非本土物种。它的种子混在从欧洲南部进口的大型植物的土壤中，来到了英国海岸。由于所有荨麻都偏好富含氮的生长环境，所以这种植物在鸽子粪便和呕吐物中长得很好。动物尸体散发的臭气富含氮。在伦敦从事植物学工作多年，我看待野生植物的方式已经与之前截然不同了，这对我日后从事犯罪现场调查工作有很大帮助。

2002 年，从雷丁大学获得博士学位后，我在伦敦市中心的一个自然保护区做志愿者。那个保护区叫卡姆利街自然公园，是个非常重要的区域，在国王十字区以人为中心、忽视自然的华丽重建中，代表了自然界的一小片领地。卡姆利街教会了我很多。尽管在那之前的十年，我大部分时间都在伦敦生活，但我很少关注卡姆利街的自然环境，主要是因为我参加了很多社交活动。卡姆利街自然公园由伦敦野生动物信托基金会管理。后来，由于我需要一份工作，我就去了那里做志愿者。事实证明，那段时间非常宝贵。伦敦野生动物信托基金会代表大伦敦政府[1]，要求植物学家实地考察伦敦各地公共环境中的植物情况。两年里，我骑车跨越了伦敦数英里，做记录、绘制地图。同时这也是一个学习的过程，让我对伦敦的野生生物、自然环境和历史有了一定的了解。我记录植物的生长情况，也包括植物旁边的公共设施、垃圾箱以及大量的宠物狗粪便，目的是记录这些东西对植物生长造成哪些变化（通常是负面变化）。伦敦许多原本具有生物多样性的棕地（前工业区）都因开发而消失了，剩下的正在被外来入侵物种淹没。

每一个地点，我都会画一张草图，列出那里有什么植物，也包括粪便和垃圾。草图后期会使用绘图软件以及数据库中的资料进行完善。为了看出来变化，我们要参照大约 20 年前拍摄的一系列古老的伦敦黑白航拍照片。这项工程名为大伦敦政府栖息地调查。这项调查不仅涵盖了关于首都自然环境状况的详细信息，同时也为伦敦各区政府的土地规划提供了重要的指导。可悲的是，调查后来被废止了。

现在，我在做法医工作时，就是用一种与上述非常相似的方法来鉴定环境的变化。科技的巨大进步意味着我们可以利用丰富

[1] 大伦敦政府（Greater London Authority，简称 GLA）是英国伦敦的地方政府，管辖范围包括整个大伦敦地区。——译者注

的在线绘图工具、街景和航拍图像来完成这种鉴定。这些图像很多都有很高的分辨率，通常我不仅能在图中找到某棵树或灌木，还能分辨出品种。这些图像对我非常有帮助，能让我在去到现场之前就对那里的环境有先一步的了解。我可以找出值得注意的地方，到了现场之后更仔细地检查那些地方；或者提前草拟一份现场植物品种的初步清单。这会让我在应对合作的警方和司法鉴定机构时表现得更加游刃有余。

尽管这些图像很有用，但也不能代替现场勘查。植物学的门外汉经常惊讶地发现，一些长得很像的植物却并不属于一个种。举个例子，桦树。很多人都熟悉桦树，桦树的银白色枝条很容易辨认，在花园、树林和荒野中也广泛存在。我们很多人对桦树这个词非常熟悉，熟悉到我们几乎没有人注意到这个词涵盖了全世界范围内大约100种不同的树。在英国的低地上发现了两种本土桦树，垂枝桦（学名：*Betula pendula*）和毛桦（学名：*Betula pubescens*）；山区还发现了一个稀有的矮生品种，沼桦（学名：*Betula nana*；nana的意思是小），基本上仅生长于苏格兰高地。不过到了花园里，事情就变得复杂了。除了本土的低地品种外，人们还会种植其他几个引进的品种。要想准确辨认出这些品种，通常唯一的方法就是仔细检查叶子和嵌在柔荑花序[1]中的果实。桦树是分布广泛的树木，野外和花园中都很常见。桦树的叶子似乎随处可见，果实和花序也是如此，都经常出现在我检查的证物中。

---

[1] 穗状花序的一种，通常下垂，花单性，有鳞片状的苞片。——译者注

桦树的果实就像用木头手工雕刻的一朵鸢尾百合[1]。每个品种的果实都很相似，但形状上也有明显的不同，就好像是出自不同的雕刻师之手。一旦果实离开了树木，嵌进某人的鞋底（大多受损严重），想要辨别就可能是一项相当艰巨的任务了。因此，我可能需要从取证现场带走一些白桦果实样本，或者拍照，回到实验室后再进行对比。

虽然我没有接受过法医人类学的专业训练，但我曾协助过人类遗骨的收捡工作——在适当的专业监督下（赶紧补充！）。你可能会惊讶，植物学家竟然会协助这项工作。我协助的原因很简单，就是这个活儿有越多的眼睛盯着就越好。如果我看到一块骨头，我会叫身边的人类学家（或考古学家），告诉他们那里有块骨头。如果你站在远处看我们干活儿，你只会听到轻声说出的一些诸如"颈椎""舟骨"等人体小骨骼的专业名词。然后那个发现骨头的位置会加个标记。有些骨头，如较小的手指骨和脚趾骨，在树林中，在厚厚的落叶层下，在12月的黄昏，很难发现！有时候，半腐烂的、脱了皮的小树枝或小石头会被急切地捡起，还以为是一块风化的骨头。尤其难找的是舌骨。这根骨头很不寻常，因为跟其他骨头都不挨着；它依附于控制口底、舌、喉、会厌和咽的一系列复杂肌肉上。在一些疑似扼死的谋杀案中，舌骨也可能具有特殊意义或作为证据，因为舌骨断裂或受损可能表明被害人是由绳索或手造成的窒息死亡。

---

[1] 鸢尾百合（fleur-de-lis，亦拼作 fleur-de-lys），象征着法国皇室的标志性图案，常用于装饰。——译者注

在取证现场找骨头可能比你想象得要困难，特别是如果死者没有被掩埋（或者埋得很浅）。在这样的情况下，遗体可能会受到动物、地球运动、洪水或人为挖掘（如道路施工）的破坏。这就意味着，可能需要在一个非常大的区域内搜索，才能找到一个人的所有遗骸。最常见的破坏可能来自动物，动物啃食了遗体。

对于现在已经高度城市化的许多人来说，我们可能成为其他生物的食物，这样的想法让人很不舒服，甚至毛骨悚然。而实际上，从我们死亡的那一刻起，我们就成了丰富的营养源。我们消化道和皮肤中的复杂微生物群落开始消化我们。特别是如果我们在户外，死亡发生后几分钟内，我们就会被苍蝇和甲虫发现，它们会在我们身上产卵。我们也是许多其他生物的食物，特别是鸟类和哺乳动物。

我经常在公开场合讲课，讲述我在法医学方面的一些经历。我曾经在一个案子里与一位研究员合作过，她对鸟类等动物在人类遗体上表现出的捕食习性进行过一些有趣的研究。她表示，由于身处一个面积相对较小且人口非常稠密的岛屿上（即不列颠），所以操作上受到限制，无法使用人体进行这项研究。自家附近如果有尸体，的确会让人感觉不舒服，这倒也不奇怪。因此，实验使用了死猪作为人的替代品。猪显然很合适，因为体形和体重与人类相似，脂肪密度也与人类相当。法医昆虫学家也使用猪作为替代品来研究死亡时间。她问过我一个简单的问题："哪种动物（或鸟）是第一个开始吃死在地上的大型动物尸体的？"我讲课时讲到这个故事，也会问同样的问题。毫不奇怪，回答经常是狐狸、獾和乌鸦等鸟类和哺乳动物。我，就像我的大多数听众一样，也没答对。答案是森林姬鼠，也叫长尾田鼠（学名：*Apodemus sylvaticus*，小林姬鼠）。看来，出没于林间和路边树篱中的这些长着蓬松胡须的可爱小动物，相当偏爱肉类零食。

那天，我们俩花了很长时间寻找被狐狸叼走的被害人遗体。狐狸是取证现场勘查中的一个重要挑战。我们大部分人往往会认为自己与大自然有某种区别或不同。当我们死亡后，这个错误的分界线就会打破。人类遗体是狐狸等捕食性动物的上佳选择。幸运的是，和人类一样，狐狸也有固定的行为模式，我们可以去了解，进而预测其行为。狐狸往往会把一部分人类遗体（通常是四肢）运到巢穴或安全的地方。狐狸是非常警惕的动物，自己也在避免被捕食。这就意味着，大多时候狐狸会将食物带向特定的方向。一旦发现了这个方向，通常就有可能找到被狐狸运走的遗体（还没被吃掉的部分）。很多人会觉得，被老鼠和狐狸吃掉，听上去很惊悚，但这只是符合动物天性的行为而已。我们尽了最大努力，尽可能多收捡一些；这里面可能会有重要证据；另外，尽量完整地收捡对逝者的亲友来说也是更好的交待。

在参与法医学工作的同时也受到合作的其他专家的影响，我现在以一种截然不同的方式看待周围的自然环境和自然界。几年前，我参与过另一宗黑帮团伙谋杀案。我们当时寻找的受害者死于所谓的"惩罚殴打"，打得"太过了"。警方让我协助搜查一栋大房子旁边的林地。那栋房子已经搜查过了，但没有任何发现，于是警方要扩大搜查范围。我到的时候，警方已经锁定了林地内的几个区域，他们认为有可能是埋尸地点。林地内主要是高大的山毛榉。当我走到树下的一块空地时，我立刻明白了，怪不得警方把这里作为首要怀疑地点呢！这个空间大约有一间大教室那么大，里面大部分是低矮的植物。空地与道路隔绝，视线都被茂密的、三四米高的月桂樱（学名: *Prunus laurocerasus*，桂樱）和冬青（学名：*Ilex aquifolium*，欧洲枸骨）挡住了。这两种都是常绿植物，也就意味着一年四季都有叶子；这使其成为秘密活动的理想场所，尤其是冬季，因为光秃树枝的掩护很有限。

空地里，稀稀拉拉的植物没有超过一米高的，大部分地面上覆盖着一层厚厚的常春藤。这个空间似乎是处理尸体的完美场所——很僻静，又有足够的空地，行动起来毫无阻碍。警方觉得找对地方了。一开始我也感染了他们的热情，但这种热情逐渐消失了。我越看越确信，这里曾经被人清理过，至少在谋杀发生前两年，但是从那以后，植物就没有受到任何搅扰了。我决定在林地里逛逛，更好地感受一下这里的植被。我又发现了几块空地，大小和植被特征都跟之前那个很相似。这些空地似乎是同时清理的，当时可能是为了改善栖息地的环境。空地上的灌木被人修剪过，看起来颇有林地保护意识。

我回到原地，越来越相信我们不会在这里找到受害者了。尽管这里足够大，足以掩埋一具尸体，但我不能随意挖掘，那样会搅扰到散布在周围的冬青灌木。那些灌木非常小，我甚至怀疑有些是幼苗，但仔细一看就会发现，很明显，所有灌木都修剪过。当时是剪到与地面齐平，现在我看到的是新长出来的。因此，这些灌木大部分都曾经比我们现在站在这里看到的要大得多，也要老得多。

我告诉犯罪现场管理人，我觉得他们不会成功，冬青太老了，不可能在不受重大干扰的情况下动过。他看起来很困惑，问我怎么会这样；毕竟这些灌木很小，所以应该很年轻。我记得当时有那么一刻，让我真正感悟到，我确实以与许多人截然不同的方式看待世界。我请他不妨跪下来，手和膝盖着地，摸摸一丛灌木的根部。犹豫之后，他照做了。直到今天，我还会觉得很惊奇，人们竟然那么不愿意仔细观察植物。每根茎干的直径只有一两厘米，但都长在一块大得多的残根上，直径有几厘米。我可以看到他的脸上慢慢浮现出恍然大悟的表情：原来的植物被砍掉了，这些嫩枝是重新长出来的；这些植物确实比看上去要老得多。

我看着这些冬青，忽然注意到我之前没注意的一点。冬青不像英国大多数野生乔木和灌木那样有明显的叶芽。常见的树木，如橡树、桦树、山毛榉等，都有独特的越冬芽，春天叶芽生长之后，就会在枝条上留下一小圈疤痕。最适合观察这种现象的是七叶树（学名：*Aesculus* spp.，七叶树属），芽很大，有黏性。这种疤痕对法医学鉴定很有用，可以帮助估算枝条或幼树的年龄。基本上，从枝条尖端往下，每出现一圈疤痕，增加一年。因此，挂在死者身上或紧挨着死者生长的任何枝条或幼树，都可能成为推断遗体在现场停留最短时间的重要线索。这是初步估算植物年龄的一种非常方便又快速的方法。

冬青没有这种季节性出现的叶芽，这给我出了个难题。怎么估算这些灌木的年龄呢？我一边仔细观察，一边思考这个问题。细致地观察是了解一株植物的关键。我在大学教授植物识别的时候，经常建议学生花些时间去观察植物，就是简单地观察，观察花、叶和茎干，最好用放大镜，然后再对植物的品种下结论。我们很容易去关注植物大的、显著的特征，比如花的颜色，而忽略了其他重要特征。

看着看着，我忽然茅塞顿开。不是所有的叶子都一样大。枝条顶端的叶片较小，越往下，叶片越大，到某一点开始缩小，然后再逐渐变大。这种渐大渐小的模式在一根枝条上重复数次。我意识到，由于寒冷和缺乏光照，冬青叶在生长季快结束时会变小。随着冬季的临近，枝条停止生长，来年春季再开始长，然后随着夏季的临近，叶子又逐渐变大。

我有办法估算这些矮冬青的树龄了。我在这里所有的灌木上试用了我的新方法。所有枝条都呈现出相同的生长模式。这支持了我的结论：这些灌木已经生长了很久，埋尸不可能发生在它们占据的地方。我把犯罪现场管理人叫过来，给他讲我的观察结果。他静静地听着，一开始不相信，但随着我把植物指给他看，给他解释我的推理，我能看到他眼中的希望在消逝。

不过警方还是觉得有必要继续搜查，这是常有的事，我早已能够欣然接受。即使一个人明白了，他也无法撼动群体行为法则，群体会沿着熟悉的道路前进，这太常见了。我们植物学家"奇怪"

的认知方式，对有些人来说还是有点儿力所不及。警方和我一起勘查了那块空地，上面是一大片常春藤，枝条又长又弯，相当于用一块厚厚的垫子覆盖着土壤。我再次确信，如果有人曾在这里挥动铁锹，斩断枝条，不可能不留下破坏的痕迹。又继续找了一会儿，警方终于相信了我的结论，结束了搜查。

直到今天，警方仍未找到那名男子。那次搜查结束几个月后，警方从犯罪团伙那边得到信息，说抛尸地点根本没有林地那么远。他们杀死被害人后，将尸体放在油桶里，用水泥密封，然后扔进了一个大湖里。

第 10 章 碎片

搜寻死者、勘验遗体无疑是刑事侦查中最能激发公众想象力的部分。不过,大多数法医工作也包括耗时且艰苦的证物勘验。这项工作可能没有犯罪现场那么刺激和神秘,但是,许多重要的发现正是来源于证物勘验。

证物勘验发生在遍布英国各个工业区的不知名建筑中。这些建筑与许多犯罪题材电视剧中那种森然的、令人激动的实验室场景相去甚远。室内非常明亮,通常家具很少。原因很简单——必须确保证物不会丢失,所有行动都要记录在案。这项工作的管理非常耗时,而且要求注意力高度集中。证物在楼内的取用受到严格控制。这种控制极为重要,如果一宗刑事案件涉及两个以上的犯罪现场,那么来自这两个地点的证物不应在同一实验室内同时勘验。同样的原则也适用于跟受害者和嫌疑人有关的证物,最好分不同的日期勘验。律师最擅长在法庭上指出,勘验是同一天进行的,从而使陪审员怀疑勘验工作是否独立、可靠。勘验中的每一个行动都必须详细记录在案,没有完备记录的勘验到了法庭上可能会造成严重后果,有可能导致误判。

　　我经常需要勘验警方作为证物留取的鞋子。鞋子要从安全的、限制进入的证据库中取出，然后分配一间合适的实验室（使用前已做好清洁）。工作台要用酒精擦拭，然后将一张一次性的纸铺在工作台上。打开证物袋之前，我会阅读并检查所有标签信息，确保证物准确无误。我，或者受指派与我一起干活儿的法医勘验员，打开袋子之前还要先给袋子和封条拍照。取出鞋子后，还要从各个角度给鞋子拍照，然后我再将植物碎片从鞋子上剥离。剥离时，我会记录碎片粘在鞋子上的位置。每一块或每一堆碎片，都要拍照，然后装入小口袋里，作为分包证物一一编号。编号可能会相当复杂。这项工作完成后，将鞋子装回证物袋，重新密封。封条上要签字。这一步我有点儿讨厌，因为密封通常用包装胶带，在上面写字太难了！同样的过程也需要在分包证物上进行，并做详细记录。做完这一切的时候，我脑子里经常在想，我真正需要的分包证物有多少，它们会有怎样的价值呢？

　　证物勘验的顺序是有要求的。分离人类脱氧核糖核酸或枪击残留物的工作首先进行。这样做的目的是防止脱氧核糖核酸或枪击残留物由于外界影响而发生交叉污染。对于可能残留人类脱氧核糖核酸的证物，处理和储存都有严格的规定，与我合作的法医勘验员对此负总责，确保每一步遵循正确的程序。作为一名植物学家，我没有参与过勘验人类脱氧核糖核酸，但我知道交叉污染。我的博士研究涉及从水栖真菌中提取脱氧核糖核酸，我知道如果不遵循适当的隔离程序，脱氧核糖核酸交叉污染是多么容易发生；如果一名博士生在真菌脱氧核糖核酸样本中得到了藻类和细菌的脱氧核糖核酸，那会是非常令人沮丧的。如果污染发生在法医学领域，更是可能造成严重后果。因此，我和与我合作的法医工作者们，每次在实验室做事时都非常注意这一点。到目前为止，类似的规定还没有应用于非人类脱氧核糖核酸的研究操作中，但我想恐怕将来会的，特别是从环境脱氧核糖核酸[1]和腐生生物群（我们死后，生活在我们身上和体内的微生物群落）[2]中获取的刑侦证据的检验。

死者的衣服和个人物品是最具挑战性的证物。通常这些东西会因日晒雨淋或腐烂而变质，可能还会散发出非常难闻的气味。有时候我会觉得那些东西上的污渍好像具有催眠作用的图案；事实上每一块污渍都忠实记录了发生在这个人身上的事。这一次，我还要勘验一件更可怕的证物——一个破损的手提箱。嫌疑人（后来证实的确犯有谋杀罪）杀死受害者后，将尸体装进了手提箱。处理完尸体后，凶手想把手提箱也处理掉。他把手提箱运到另一个地方，想将其切碎、砸烂，造成手提箱部分损毁。不知怎的，破碎的手提箱让人感觉像是残忍谋杀的回声。破坏手提箱的企图或许很强烈，但并没有奏效；手提箱外面的泥土痕迹，成为认定该男子有罪的重要证据。

很奇怪，碎片似乎能带给我们更大的震撼。比如小说里经常描述的场景：一个人拿着一件破损或残缺的东西痛苦不堪。有时候，我会觉得博物馆里取自青铜时代壁炉中的一块陶片，要比一件完

---

[1] 环境脱氧核糖核酸（e 脱氧核糖核酸），是指在环境样本中发现的所有不同生物的基因组脱氧核糖核酸的混合。——译者注

[2] 腐生生物群，又名尸微生物组（necrobiome），2013 年法医昆虫学家、微生物生态学家埃里克·本博（Eric Benbow）提出的术语。——译者注

整复原的艺术品更有感染力，即使这件完整的艺术品非常美丽。也许这就是"失踪"的玄妙之处吧。不知何故，每次我看到罗塞塔石碑[1]，我都会感觉那些缺失的部分仿佛在啃噬着我，让我烦躁不安——他们一定能找到缺失的部分吧？

植物碎片是破解犯罪发生过程的有力工具。我经常需要勘验来自犯罪现场的残破叶片，通常都很碎，而且受损非常严重，受损的原因可能是磨损、日晒雨淋或腐烂。每一个碎片都有可能告诉我们现场发生了什么，每一个碎片都象征着一个消失或破碎了的生命。

几年前，我受命勘验两小片叶子，取自一名暴力性侵受害者身上。案发后，受害者逃离了现场，事后无法回忆起袭击发生的地点。警方希望可以用这两片残破的叶片来确定犯罪地点。在我看来，这两小片叶子仿佛因肩负重任而颤抖着；它们见证了给受害者带来噩梦的那次可怕的伤害。我拿着叶片在实验室里走动的时候都小心翼翼，不仅因为这个职业需要小心谨慎地对待证据，更因为它们"经历了"可怕的事情。通过这些破烂的、棕绿色的植物组织，我和一个我永远不会认识的人建立了联系。

植物学家鉴定植物通常用整株，或者选取一部分，这个部分要让我们能够判断这是什么植物。大多数植物学家面对的不会是一片直径不到一厘米的叶子。我敢说，非常难。主要原因是，地

---

[1] 罗塞塔石碑（Rosetta Stone，也译作罗塞达碑），制作于公元前196年，1799年出土于埃及港湾城市罗塞塔，现藏于大英博物馆。罗塞塔石碑是一块残损的石碑，许多边角缺失，导致上面的文字残缺不全。——译者注

球上的野生植物太多了。据估计，大约有 32 万个品种。想要全部记住太难了（事实上，根本不可能做到——即使最优秀的植物学家可能也只能记住几千个）。当然了，并非所有的植物我们这里的野外都有。那些大部分都是热带植物。不列颠及爱尔兰的野生植物大约有 4800 种，包括本土和非本土植物。

这个数字中，大部分植物是我们很少会碰到的，或者是生长在距离我此次协助调查的这个犯罪现场很远的地方。所以我只需要考虑几百个备选项。叶脉呈网状（类似中世纪伦敦的街道地图），这让我得出结论——这种植物不是草类或百合类，因为这两类植物的叶片是平行的叶脉（就像平行的铁轨）。这一点又排除了许多备选植物。我的大脑飞速运转，寻找解决办法。有时候，这是最好的方式；不借助任何网络资源，也不看那些教你怎么识别叶片的"一站式"教科书。我花了一两个小时的时间，从我脑海深处的植物学知识中，从我四十多年的钻研、平时的观察和那些转瞬即逝的记忆中，提炼出一些思路。在我的脑海里，有一种强烈的感觉，我觉得这些破碎的叶片来自一棵树或灌木。我觉得需要控制一下自己纠结的思绪了，于是我决定，是时候更系统化一点了。我找出克莱夫·斯塔斯（Clive Stace）为不列颠及爱尔兰的野外植物学家编写的标准教材，《不列颠群岛新植物志》（*New Flora of the British Isles*）第三版（这本书已经出到第四版）。书相当笨重，不懂行的人很容易被它吓住。我对这本书的昵称是"王室斯塔斯"，因为不仅封面是紫色的 [1]，而且它在植物学中具有

---

[1] 紫色是英国王室的传统代表色，据说是因为以前紫色的颜料非常昂贵。——译者注

崇高地位！我翻到后面的索引，想要通过浏览按字母顺序排列的植物名称列表来恢复我的记忆：*Abies*（冷杉属），Acanthaceae（爵床科），*Acanthus*（老鼠簕属），*Acer*（槭属）……我停在了*Betula*（桦木属），脑子里响起"叮"的一声。也许是某个品种的桦木？那就太好了——到 Zosteraceae（大叶藻科）还有好远呢。

我停下来，考虑下一步该做什么。我本能地觉得我有了答案，但是还不够。我得确保我这实验性的观察结果经得起法庭的审查。最好的办法就是去验证我的结论。倒是可以使用网络资源，互联网上有大量的植物照片。不幸的是，许多图片质量很差，标注也不正确。另外，大部分也没有经过科学验证。提交一份报告，说我将严肃的刑侦证据与维基百科上的图片进行了比照，这不太可能得到法庭的好评，对方律师倒可能会很高兴。使用植物标本馆的真实植物标本更明智；优点是，我可以在显微镜下将证物与标本进行比对。植物标本馆里的标本都经过（或应该经过）经验丰富的植物学家鉴定，每个标本的品种都是确定的，都是植物学家验证过的。我走进标本库，找到英国桦木的部分，开始比对。经过比较，我发现那两个叶片与我们当地的一种桦树——银桦（学名：*Betula pendula*，垂枝桦）——很匹配。

我联系了此次合作的法医鉴定机构，我们和警方一起安排了一次现场勘查。和往常一样，我们到那儿的时候，天气很冷。搜索区域包括数百码的路边草地和小道。那是英格兰南部一个小镇的郊外，一个相当荒凉、偏远的地方。最多的树木和灌木是山楂、橡树和白蜡树。我来回走了两遍，发现了两个有银桦的地方。尽管是初冬，但落叶还没有被风吹得到处都是。我告诉几位警探，我有理由相信，性侵发生在这两个地点之一。

和往常一样，我没有从警方那里听到后续进展。

有时候，我在刑警队就只是一个一闪而过的存在。我怀疑，如果警方不那么忙，他们会愿意让像我这样的专家知道办案结果吗？我觉得他们只是忘了而已，因为通常每个警队都会同时侦办几个案件。我非常希望从警方那里听到消息，了解一下我所做的工作哪些有用，哪些没用，这对我会非常有帮助。可我不能打电话烦他们！

叶子是非常复杂的结构，虽然看起来可能并非如此。每一片叶子，或者叶子碎片（这在犯罪现场的工作中更常见），都可以告诉经验丰富的观察者关于植物的很多信息。叶子的主要功能是增加植物表面积，这对植物的两项生命机能（呼吸和光合作用）非常重要。叶子的大小和形状受到环境条件的限制，植物就是在特定的环境条件下进化而来的。捕食也是一个因素——叶子通常很好吃！这些进化压力使得植物的叶子高度多样化。

叶子还有一个使其更具多样性的特点——茸毛。有些植物没有茸毛，有些植物非常多毛。影响植物茸毛发育的主要原因是捕食、失水和阳光。显然，捕食动物有各种大小和形状。大型草食动物通常因毒性或疼痛而不敢食用某些植物。常见的刺荨麻（学名：*Urtica dioica*，异株荨麻）就是个众所周知的例子。这种植物的毛，尖端脆而锋利，很容易脱落，能刺透皮肤并注入甲酸、组胺和乙酰胆碱。我们抱怨刺荨麻扎人很疼，可是还有带给我们更强暴击的植物。最有名的就是刺荨麻的近亲，体形更大、更可怕的金皮树（学名：*Dendrocnide moroides*，桑叶火麻树），来自澳大利亚。这种树能杀死马和狗；被它的细毛刺伤会感到疼痛难忍，持续数天。以茸毛作为屏障，可以减小被较小动物捕食的可能性。假设你是一只蚜虫，不到一毫米高，你需要爬过你身高的两三倍的茸毛——这很难，有点儿像行走于竹林中。顺便说一句，茸毛也会让你在枝叶上的行动变慢，因而更容易受到瓢虫等捕食动物的攻击。

许多植物生长在干旱的地方，茸毛可以减缓空气在叶片表面的流动，增加湿度，从而减少水分流失。尽管通常很细小，但每根茸毛都会投射出一小块阴影，减少了照射到叶片表面的阳光，降低了叶片的温度。在海拔高或光照足的环境中，茸毛也能保护叶片免受紫外线辐射的伤害。如果我看到一种植物长着毛茸茸的灰色叶子，我就知道它很可能来自炎热、日照充足、干燥的环境，比如地中海。这一点对园艺也很有用——大多数灰毛植物都不喜欢阴暗的环境，所以要给它们充足的阳光。不列颠及爱尔兰的大部分地区并不十分干燥，因此我们的野生植物中很少有浓密的茸毛或灰色的叶子——这样的野生植物主要出现在东南部的沿海地区。尽管如此，我们的许多植物确实有茸毛，其形态非常多样。这种多样性可能是鉴别破碎叶片的关键。

叶子的茸毛由植物细胞构成。有时一根茸毛可以是一个单一的、细长的细胞，也可以是由几个细胞组成的链条，就像火车的车厢。有些茸毛非常短，不到几分之一毫米；有的可能有几毫米长。就在这些看似简单的茸毛中，也有微小的不同。有些可能有较大的球状基部；有些顶端有球状腺细胞，可能含有挥发性油脂。这种腺毛通常在薄荷科中比较常见。薄荷科是世界上较大的植物科之一，其下约有 7500 个种。在不列颠及爱尔兰，野生薄荷大约有 80 种，花园里的人工栽培种有数百种。存在于腺毛末端的芳香的挥发性油脂，是薄荷科植物独特味道的来源，如百里香、迷迭香、罗勒、鼠尾草等。这种味道还能驱赶某些食草动物，油脂也能减少水分流失。

英伦三岛的植物中，迄今发现的最独特的茸毛大概要数分叉的茸毛了。分叉茸毛的形态非常多样。菊科（学名：Asteraceae）的一些植物，每根茸毛一分为二，看起来很像小音叉。外行可能会把一些带"音叉"茸毛的菊科植物认作蒲公英（学名：*Taraxacum*）。除其他特征外，叶片茸毛是植物学家区分狮齿菊（学名：*Leontodon*）和蒲公英的主要依据——狮齿菊的茸毛带"音叉"。有些植物非常常见，分布广泛，但是对生长环境有特殊要求，狮齿菊便是一例。狮齿菊无法适应过于茂密或养分充足的草原。你不太可能在新种植的草坪或足球场上发现狮齿菊，但你很可能会看到它们在干燥、排水良好的土壤上与许多其他植物一同生长。如果在样本中发现狮齿菊的茸毛，就能帮助我确定这个样本来自什么样的环境。不幸的是，蒲公英就没有这种优势了。目前，就我们所知道的，不列颠及爱尔兰有近 250 种蒲公英。其中许多品种分布广泛且常见；也有非常罕见的，只在一些特殊的环境中才有，如山顶或古沼泽地。问题是，蒲公英即使在保存完好的情况下都很难鉴别，需要检查未受损的成熟叶片、花朵、花粉和种子；靠一块残破的叶片来鉴别，几乎不可能。到目前为止，我还没有想到能在法医案件中使用传统的鉴别蒲公英的方法。

有些茸毛不仅非常美丽，同时也是独一无二的。许多野生植物都有星形分叉茸毛，形态多样，通常看起来像细爪的章鱼或海星。这种茸毛还有个优点，即容易脱落，可以附着在衣服、地毯或头发上，因此有可能在法医工作中非常有用。十字花科和锦葵科（学名：Malvaceae）的一些植物有非常独特的星形茸毛，常春藤和外来入侵植物醉鱼草也是如此。

传达科学信息并不容易。我需要向现场忙得脚打后脑勺的警官口头陈述我的观察结果。用我的霜霉纲（学名：*Peronosporomycetes*，我的博士研究课题）知识让犯罪现场管理人头昏脑涨是无济于事的。既要保持科学严谨性，同时又要让外行能够理解，这是一项挑战。撰写报告，包括给警方的和给法院的，是一项缓慢的、有时候非常乏味的工作。每个词都需要仔细斟酌，每一条信息都需要仔细核对。任何一点儿小差错都是律师们求之不得的、在法庭上驳倒你的依据。一份措辞缜密的报告是确保我的所有意见和行动得到明确表述的重要一步。同样重要的是，我的结论背后的信息和推理要清楚明晰。引用日期、时间或证物编号等信息出现微小错误可能造成灾难性的后果，那正是律师渴望在专家证人身上抓到的失误。拙劣的报告很可能让出庭变成一次非常不愉快的经历。话虽如此，但一份科学可靠、撰写清晰的报告也并不能保证专家不会被盘问。如果遇到一些有争议或需要进一步核查的问题，法庭会传唤专家证人。到目前为止，我已经提交了不少报告，但只上过三次法庭。

等待被传唤做证既枯燥乏味又令人焦虑。我在脑子里飞速浏览报告，寻找错误，觉得自己找到了错误的时候会惊慌失措。我有一个加密硬盘，用来保存法医案件的资料。这时候我就会拿出这块硬盘，阅读之前往来的电子邮件，查看图片，寻找被忽略的信息。好在，我们很少单独作为专家证人出庭。通常是几个专家一起，每个人都有自己的紧张管理机制，最后都表现得像上考场之前临时抱佛脚的学生一样：有的故意表现出非常自信的样子，有的则努力克制着内心的恐惧。我上一次出庭时共有五个人等待做证，每一个都有自己擅长的领域，除了我，还有一位生物统计学家、一位枪击残留物专家、一位分析碎玻璃裂纹的专家，以及一位研究脱氧核糖核酸的专家。对于陪审团来说，这一天内要了解的科学信息量可以说非常大了。

专家证人，不论受雇于控方还是辩方，都主要对法庭负责。换句话说，我们必须以不偏不倚的方式提出证据和结论。我和其他专家证人必须遵守刑事诉讼规则，其中的条文规定了专家证人的职责以及如何开展工作。我还接受了全面的背景和安全审查；这些都是定期审查的，以确保我的品格仍然良好！这一点经常会被我的家人和朋友们调笑，他们总认为我的品格肯定有待商榷。

进行任何形式的研究，资料库和数据都必不可少，证据的核查当然也是如此。我非常希望有一个数字影像资料库，里面有野外和花园中发现的植物的果实和茸毛的信息。这会非常方便，能节省大量时间。不幸的是，英国目前没有这样的数字资料库，在当前的经济环境下也不太可能会有。于是，我只能继续以传统的方式——使用植物标本馆鉴定破碎的植物。

植物标本馆是我工作中最宝贵的资源，没有之一。我对其简明扼要的解释是，植物标本馆本质上就是植物图书馆，但这个解释也有失偏颇。大体上说，图书馆里收藏的是其他地方可以找到的资料的副本，而植物标本馆中的每一个标本都是独一无二的。植物标本馆里收藏的是经过压缩和干燥的植物。前几个世纪，人们将植物标本装裱成册，称之为"*hortus siccus*"（拉丁语，意为"干花园"）。今天，每个标本都单独裱在一张纸上。纸上记载的信息除了植物学名之外，还包括该标本采集的地点、时间以及采集人。此外，每张纸上最好再加一个唯一的编号。使用编号的原因是，世界上的植物标本馆中有大约 3.5 亿个标本，把一张标本纸随手放在什么地方过后就忘记了，这种情况太容易发生了！而拥有一个唯一的编号会有助于负责人管理，尤其是标本馆将一批标本借给其他机构用于研究的时候。

伦敦自然历史博物馆的植物标本馆收藏了大约 520 万个标本。我在那工作的时候，负责管理采自不列颠及爱尔兰的大约 62 万个标本——比在野外发现的 4800 种野生植物要多得多。与诺亚不同，博物馆负责人不满足于每种植物只取两个作为代表藏品，我们取很多。造成这种情况的主要原因是种之下还有亚种，通常还很多。植物非常复杂且多变。有一个资料库可以参考，这对于了解植物种的自然变异非常有用。这种变异是由与该植物"种"的进化历史相关的一系列因素造成的。有时候，标本馆可以保存一个种的数百甚至数千个标本。标本库的规模取决于其关键作用之一——保护和保存自然历史标本的科学遗产和文化遗产。如果一个标本库有价值，而且博物馆又能得到资源（目前这是一个越来越令人怀疑的问题），那么相关的标本就会被收藏。大量的标本对于越来越多的科学用途，包括气候变化研究，都非常有用。博物馆的标本包含了有关我们的世界如何变化的过往环境信息，这对法医学也是非常宝贵的。

我曾经接过一个工作，要求鉴定一个纵火案的植物样本。嫌疑人因涉嫌试图烧毁一座建筑物而被捕。嫌疑人纵火后逃离了现场。不幸的是（对他们来说），大约 10 分钟后，他们被一名警察拦住了。这名警察察觉可能有人纵火，认定这些人形迹可疑，于是逮捕了他们。嫌疑人被带到警察局，然后这名警察做了一件不寻常的事（至少在我看来，这不常见）。他要求嫌疑人站在塑料布上，然后仔细检查了他们的衣服，掸掉了沾在衣服上的植物碎屑。掉落在地上的植物都作为证物留取，并寄给了我。数量很少，有两片叶子和一朵花，长度都不超过 5 毫米。

警方还去了犯罪现场，取回了另一件证物——从楼外的围栏上拽下来的干燥植物，是嫌疑人用来点火的。这件证物也寄给了我。每件证物都装在单独的密封袋中。因为取自嫌疑人身上的植物碎屑很小，所以我用解剖显微镜进行了检查。我很快确认，花和叶匹配，属于同一种植物。叶子很小，呈针状，边缘稍微后卷，表面有很多腺体。对于英国的野生植物来说，这是一种不寻常的形态。这让我怀疑这种植物最初应该来源于一个比较温暖的地区，有着干旱气候或者地中海气候。花也很独特，不像任何广泛分布的英国野生植物。经过一番思考，关于这种植物是什么及其最初来自世界上哪个地区，我有了合理的推测。

我很急。可以说，我总是很急。人们总觉得博物馆负责人的生活很平静，并非如此。大多数博物馆负责人都擅长多任务处理。我们经常有几个策展项目同时进行，参加若干志愿者团队，随时待命。我还经常写论文、投稿，起草补助申请，回复来自世界各地的电子邮件，与亿万富翁一起参加筹款聚会，配合电视台做奇怪的采访，等等。很有趣，大多时候！

当我得知自己要离开 62 万个标本的"舒适区"，调到标本数量达几百万的总标本馆的时候，那种掌心出汗的感觉就更强烈了。总标本馆的收藏范围覆盖了除不列颠及爱尔兰以外的全世界，这很惊人。其中植物学的部分，镇馆之宝包括约瑟夫·班克斯爵士和丹尼尔·索兰德于 1768 年陪同詹姆斯·库克船长前往澳洲时从澳大利亚采集的第一批植物标本，以及"分类学之父"卡尔·林奈年轻时在荷兰研究的植物。

植物标本馆就像一个又黑又深的洞穴。即使在博物馆待了这么长时间，我仍然有一些时候记不清东西在哪里。我需要尽快给警方答复，于是我的一位同事，她退休后自愿为博物馆继续工作。她对植物标本馆这座"迷宫"相当了解。自然历史博物馆的藏品吸引了许多人退休后继续为之工作，有的长达几十年，这并不罕见。我请这位同事帮个忙，看看能否找到与我手里的证物相匹配的标本。大约 45 分钟后，她拿着标本来到了我的桌旁（比我预计完成任务的时间快两三个小时）。她小心翼翼地将标本捧在身前（标本的取用有严格的规定；300 年前枯死的植物很容易毁坏），只一眼，我就知道，她找到了，我知道她会找到的。她很聪明，但很自谦。我的这位同事没有博士学位，在她那个时代，博物馆讲究资质等级，资质高的人会被认为高人一等。

为了确保万无一失，我在显微镜下检查了博物馆的标本，肯定是同一种植物，或者是非常相近的植物。我记下了标本信息，又将标本放回了标本馆。然后，我回到办公桌前，对这种植物做了一番研究。这不是英国野生的植物，这种植物来自东南亚和澳大利亚的干旱地区；偶尔出现在英国的植物园里，但不在室外，这里的大多数地方都太冷了。通过进一步上网搜索，我了解到这种植物有时用来制作扫帚和灌木围栏。最后一条信息非常令人满意，取自犯罪现场的证物正是来源于灌木围栏。我写下了我的观察和结论：取自嫌疑人衣服上的叶和花极有可能来自犯罪现场。

我们每个在法医学中使用环境信息的人都直接或间接地依赖于自然历史资料库中的数百万标本和藏品。土壤类型分析取决于几个世纪以来土壤科学家从全国各地采集土壤样本所积累的知识。这些土壤档案是了解土壤多样性及其来源的重要工具。通过搜索克兰菲尔德土壤与农业食品研究所（Cranfield Soil and AgriFood Institute）的土壤地图，我得知我母亲那个村子的土壤是"土壤 7

区：排水良好、微酸性但富含碱的土壤"，这种土壤类型涵盖了英格兰和威尔士3.1%的土地。其他资源，如英国土壤观测站（UK Soil Observatory），提供了更详细的专业信息。通过使用这些信息资源，办案人员可以鉴定取自嫌疑人身上的土壤，为推断其行踪提供重要依据。

我头一回参与犯罪现场工作那次，我的昆虫学家同事们仔细检查了我收集的幼虫和蛹的样本。他们很有可能将那些样本与标本馆里的标本进行了比对——后者都是他们在昆虫学和法医学领域工作几十年间收集的。他们的很大一部分工作涉及判断昆虫幼虫的发育速度。以尸体为食的昆虫幼虫或在尸体附近发现的蛹，可以作为估算死后间隔时间的一种手段（也就是推断死亡时间）。他们利用死猪进行了数十项研究实验，观察这些昆虫在不同环境条件下的发育情况。在理想情况下，所有研究成果都应以论文的形式发表在同行评议期刊上。同行评议即由同行业的人来检验一项工作是否圆满完成，论文的结论是否准确反映观察结果。为了工作方便，科学家，比如我的昆虫学家同事们，会保留他们研究期间收集的样本。这些样本会与自然历史博物馆内约8000万个标本一起存放。博物馆保存的标本是学术论文的重要信息来源。

种子和果实是取自犯罪现场或嫌疑人身上的另外一种常见的植物物证。和茸毛一样，种子和果实也很多样。如果没有损坏得太严重的话，通常很容易识别。种子和果实的区别是什么？从植物学上讲，果实是结出种子的那个结构。果实在植物学与在烹饪领域的含义不同；对我们植物学家来说，果实可以是硬的，也可以是软的，可以是干的，也可以是有汁水的，可以是可食用的，也可以是有毒的。果实结构差异很大，主要原因是许多植物的果实有一项重要任务，那就是将种子扩散到环境中去，这对植物的生存至关重要。像年轻人一样，植物需要离开父母。

　　某些类型的果实在法医界的价值可能很有限。比如那些容易被风吹散的，如桦树、枫树和悬铃木（学名：*Acer* spp.，槭树属），具有很强的流动性，可能在离其母体植物相当远的地方被发现。最有用的是那些只散布在很短距离内或已经进化到通过动物来传播的。许多野生植物的果实已经进化到可以依附在路过的动物的皮毛或鸟类的羽毛上。这类果实经常附着在嫌疑人或受害者的衣服上。牛蒡（学名：*Arctium*，牛蒡属）、猪殃殃（又名鹅草）和水杨梅（学名：*Geum urbanum*，欧亚路边青）等是最常见的例子，我们在林间漫步时衣服上经常会附着这些植物的果实。这类植物非常有用，可以将嫌疑人与特定类型的环境锁定。即使是土壤样本中发现的种子残骸或植物组织碎片，也可能很有用，能帮助确定嫌疑人之前身处什么样的环境。生长在耕地边缘的野生植物群落与生长在永久性草地上的野生植物有很大不同。这种差异可以帮助植物学家确认犯罪发生的地点，将嫌疑人与犯罪现场或受害者锁定。了解植物的特征，知道其生长地点和繁殖方式，是能够做到这一点的关键。

第 11 章 奇妙的微观世界

　　对死亡的恐惧深植于我们每个人的内心。有些人学会了控制这种恐惧。不幸的是，还有些人深受其扰。对许多人来说，最让他们害怕的死亡方式是溺水。大概我 8 岁时，我的一个朋友差点儿淹死在我们村的池塘里。我们在冰面上玩，她摔倒了。至今我仍然清楚地记得她的眼睛透过冰面凝视着我们。我们都吓瘫了。幸运的是，她自己从冰窟窿里挣扎出来，我们这才帮她爬了上来。

　　我读过一些关于溺水的报道，其中许多描述了溺水时的恐慌和痛苦。我能理解这一点，缺氧会很痛苦。和很多人一样，我也有哮喘。严重的哮喘发作时真的很痛苦。溺水杀人似乎很少见，通常只有在施暴者比受害者更强壮的情况下才能做到。毫无疑问，人被按到水下会反抗。有时，受害者被置入水中之前会被麻醉或击昏。

　　令人惊讶的是，溺水还分好几种。干性溺水是指人被水淹没后试图呼吸，但喉部肌肉收缩，气道阻塞。人实际上死于缺氧，水没有进入肺部。这种情况相对少见。更常见的情况是死于湿性溺水，即水进入肺部。在这种情况下，喉部肌肉没有痉挛，水可以自由地通过气道进入肺部。还有迟发性溺水，又名继发性淹溺，死亡发生在人从水中出来后，可能半小时内或几天后。总的来说，死亡原因是肺部受损严重，影响氧气进入血流，致人死亡。有些人会死于浸水综合征。在这种情况下，心脏因神经性休克而停止跳动。深湖潜水，如果湖面的暖层下面有一层冷水的话，这种情况有时候就会发生。通常可以通过尸检来确定溺水的类型。

我经常被问及有关溺水的问题。我通常不会参与这类案件，我在自然历史博物馆的一位前同事接触这方面比较多。他是一位硅藻学家，即生物学里专门研究硅藻生物的专家。硅藻微生物可以是单细胞生物，也可以生活在多细胞的群体中。硅藻是藻类，这意味着硅藻利用太阳光能，但不像大多数陆地植物那样具有复杂的组织。藻类的种类十分庞杂，容易搞混。大多数人都熟悉的藻类，尤其是池塘里的绿藻，其实与硅藻无关，而是与陆地植物亲缘关系更近。说来古怪，有些类型的池塘绿藻甚至不是藻类，而是开花植物（学名：*Lemna* spp.，浮萍属），与其亲缘关系最近的是马蹄莲（学名：*Arum maculatum*，斑点疆南星），以及株形巨大的龟背蕉（学名：*Monstera deliciosa*，龟背竹）。另外，硅藻属于许多种微生物谱系，其中很多甚至生物学家都从未听说过。与硅藻亲缘关系最近的生物中，你最熟悉的应该要数褐藻了（学名：*Fucus* spp.，墨角藻属）了，就是当你走在上面的时候会发出爆裂声的褐色藻类。硅藻有很多令人惊叹的地方。硅藻已经存在了很长时间，至少从三叠纪（2亿至2.5亿年前）时期就有；有时数量还非常之多，甚至于形成了一种地质——硅藻土，即由硅藻的化石残骸构成的土壤。硅藻土已经进行了商业开发，因其可以用于过滤泳池或鱼缸，用作牙膏和金属抛光剂中的精细温和研磨剂，用作杀虫剂或制作硝化甘油（即炸药；硅藻土能使其更稳定，防止意外爆炸）。让硅藻如此引人瞩目的是二氧化硅。硅藻的骨架是由二氧化硅构成的，这在活体生物中很少见。大多数动物都是钙基骨骼；而对植物来说，相当于骨骼的物质主要由纤维素或木质素构成。相对而言，很少有生物的骨架由二氧化硅构成，而且大部分都是需要用显微镜观察的微生物，只有一些海绵动物具有由二氧化硅构成的"骨针"（其骨架的一部分）。硅藻能够在刑侦工作中发挥作用，二氧化硅功不可没。

溺水让人惊讶的一点是，当一个人试图呼吸时，肺部的压力足以推动水中的硅藻细胞穿过肺膜进入血液。然后，硅藻细胞在人体内循环，最后随着血液循环停止，留在主要器官中。尸体器官中硅藻的存在可能是证明某些类型溺水的有力证据（但不是干性溺水）。从人体中采集硅藻样本并不简单，这就是二氧化硅发挥作用的地方了。二氧化硅的一个属性是耐热，比人体组织耐热得多。尸检中，可以取一小块组织，通常是肝脏或骨髓，然后将其灰化，即充分加热，燃烧掉人体组织，而硅藻的二氧化硅骨架却可以保持完好无损。还有从人体组织中提取硅藻的其他方法，例如在硝酸中硝化，但灰化是英国最常用的技术，然后可以将灰化物置于高倍显微镜下检验。硅藻细胞相当小，大多数直径在10~80 微米之间，有些可以达到 200 微米，很少超过 1 毫米。1微米是千分之一毫米。只有那些小的硅藻，即直径 60 微米或更小的，才能穿透肺膜进入血液。

硅藻种类繁多。科学家们不知道硅藻有多少种，估算的数量差距非常大，从 2 万种到 200 万种！硅藻通常仅限于在淡水或海水中存在。不列颠及爱尔兰约有 2500 种淡水硅藻。其中许多分布广泛，也有一些仅分布在某些地方，或者仅限于某些类型的环境。鉴定硅藻的关键是其中的二氧化硅。硅藻的硅质骨架来源于其细胞壁，硅藻的细胞壁叫作硅藻细胞壳（藻壳）。藻壳不仅非常漂亮，而且形状和装饰也多种多样。这种多样性对于确定样本中存在的硅藻的类型及其来源于什么类型的水体至关重要。泳池或浴池中的硅藻群落，与林间池塘或河流中的大不相同。因此，死者器官中存在的硅藻有助于确认他们是否溺水，以及溺水发生在什么样的水体中。确认死者在某一特定水域死亡的关键是迅速从该水体中取样！硅藻种群处在高度动态变化中，水温、养分或光照的微小变化都会改变硅藻的数量，也可能改变种群内的品种构成。如果警方推迟采样时间，即使只推迟几天，硅藻群落就可能已经很不一样了，进行比对可能毫无意义。要让硅藻证据有价值，含有硅藻的环境样本的取样工作应由一位在硅藻处理方面有着丰富经验的科学家监督进行。

我是前维多利亚时代科学家的超级粉丝。他们用最基本的设备探索世界，取得了许多令人难以置信的成就。17 世纪中叶，荷兰人安东尼·范·列文虎克（Antonie van Leeuwenhoek）自己制造了显微镜，记录了真菌、昆虫、植物和单细胞生物的微观世界，他称之为微生动物。他的开创性研究彻底改变了生物学，也使他在国际上声名鹊起。他的研究成果也得到了英国皇家学会的认可。英国皇家学会成立于 1660 年，致力于"增长自然知识"。1703 年，在列文虎克研究成果公布几十年后，英国皇家学会发表了一篇来自一位"英国先生"的匿名论文。这篇论文中首次描述了一种以前未知的微小生物。这种生物生长在"一个池塘的浅水侧"的藻类上，"由许多漂亮的枝杈构成，有长方形和正方形，连在一起"。这位先生描述的是平板藻，一种硅藻。这位不知名先生的观察，是那个时代人们旺盛求知欲的一个例证。这些都提醒我，在犯罪现场勘查时需要留意环境的方方面面。

参与犯罪现场工作几个月后，我遇到了一个让我着迷的词，尸蜡（adipocere）。这个词的发音有一种奇怪的美，很吸引我。当我得知这个词的意思后，我就莫名其妙地被迷住了。尸蜡也有其他说法，比如尸体蜡或太平间蜡，不过这些名字都没有尸蜡有魅力。17 世纪博学大师托马斯·布朗爵士描述了这一现象，他是那个时代最具创新精神的思想家之一。布朗来自英格兰东部的诺里奇，曾就读于温切斯特公学，之后在牛津大学读本科，随后又在帕多瓦大学和蒙彼利埃大学学习医学。布朗求学期间，以及他后来回到诺里奇行医期间，都曾目睹解剖。他对死亡仪式也很着迷。在 1658 年出版的《瓮葬：有关诺福克近期发现的骨灰瓮的论述》一书中，布朗描述了尸体在坟墓中的变化情况。根据他的观察，"牙齿、骨骼和头发，给了腐烂以最长久的蔑视"。在检查一具埋葬了十年的尸体时，"我们发现了一块脂肪凝固物，那是泥土中的硝化物与尸体里的盐和浸出液混合，让大块的脂肪凝固，变成了最坚硬的橄榄皂"。布朗的文字体现了 17 世纪的探究精神，也生动地描述了尸蜡。顺便说一句，橄榄皂即卡斯提尔皂，因其原产地卡斯提尔（西班牙古国）而得名，传入英国后叫橄榄皂。

这是一种用源自中东的油橄榄（学名：*Olea europaea*，木樨榄）和香叶（学名：*Laurus nobilis*，月桂）的油制成的皂。

尸蜡的产生需要非常特殊的环境条件，并非所有尸体都有尸蜡。首先，环境中必须缺乏氧气。我们一般认为大气中的氧气是生命的来源。但是，如果氧气浓度太高，也会导致死亡。有些微生物需要极低浓度的氧气才能生存，这些微生物被称为"厌氧菌"，通常在腐烂过程中起到重要作用。其中一种厌氧菌群特别善于将我们体内的脂肪分解成酒精和那种皂类物质——尸蜡。

尸蜡有个独特的属性就是稳定性。一旦形成，这种物质可以在适当的环境条件下存在几世纪之久，这种稳定性是其在法医学中应用的关键。尸蜡封存了极其微小的细节信息，包括人体组织中的细胞，有时候甚至是死者吃的最后一顿饭。1911 年深秋，帕特里克·希金斯带着两个年幼的儿子约翰和威廉进行了最后一次散步。他把两个孩子绑在一起，扔到了苏格兰温彻堡附近的采石场湖中。希金斯是一位单亲父亲，妻子于 1910 年去世。他在一家砖厂当工人，一直在厂里露宿。为抚养孩子他曾经寻求帮助，但徒劳无功。谋杀发生前不久，他因对孩子疏于照料而被判监禁两个月。孩子失踪后，希金斯声称他们由其他人代为照顾。大约 18 个月后，两个孩子的尸体浮到了湖面上。希金斯被捕，被控谋杀。尽管他辩称自己智力不全，但还是被判犯有谋杀罪，并于 1913 年 10 月 3 日被处决。审判前，对两个孩子的遗体进行了尸检。他们体内的大部分脂肪已经转化为尸蜡。尸蜡让他们相当一部分遗体保存完好，包括他们吃的最后一餐。令人震惊的是，法医哈维·利特尔约翰和病理学家悉尼·史密斯合谋非法摘除了尸体一些部位的组织，将其送往爱丁堡大学。直到最近，死者的一位亲属莫琳·马雷拉要求火化孩子的遗体并举行追悼会，这件事才浮出水面。

我还没有机会在法医工作中接触尸蜡，不过我猜那可能会激起我的探究欲。尸蜡很可能成为一种介质，封存着各种各样的微型证据，比如衣服上甚至消化道内的硅藻、花粉、真菌孢子、植物碎屑等。如果没有尸蜡，大部分这类证据将在腐烂过程中丢失。

像硅藻和花粉一样，犯罪现场或受害者身上的真菌孢子可以帮助锁定嫌疑人。对大多数人来说，真菌这个词让人联想到蘑菇、伞菌或发霉的面包，但真菌的世界远比这令人兴奋。之前我提到过，地球上有很多种植物，大约 32 万种。可是这一庞大的数量若是与真菌数量相比，就相形见绌了。目前被普遍认可的真菌种类是 150 万种，许多科学家认为这一估算数字偏低。真菌不仅种类繁多，而且其中很多对环境条件有特定的要求，因而体现出地域性的特点。欧洲最迷人的一种真菌是钉菌（学名：*Poronia punctata*，点孔座壳）。之所以叫钉菌，是因为其子实体看起来很像那种老式的小平头钉，头部表面有小黑点。钉菌不仅外形奇特，而且有着奇特的习性——以马粪为生。必须是马粪，别的都不行。钉菌现在很少见了，部分原因是我们给马吃下去的现代抗生素使其无法存活。

地域性以及对栖居地环境的挑剔，让真菌在法医学中有了用武之地，不过，我们还有一个很大的障碍要跨越。与植物或动物相比，我们对真菌仍然知之甚少。绝大多数真菌都是极其微小的，其生殖结构，即孢子，具有令人难以置信的多样性。增进我们对真菌孢子的多样性和存活条件的了解，能够给环境法医学的取证工作增加一件有用的工具。

已有真实案例证明，真菌孢子（加上花粉）也能在刑侦工作中发挥重要作用。其中一起案件是一名年轻女子控告其伴侣强奸。尽管他们当天曾有过双方自愿的性行为，但最后的那次却不是双方自愿，女子事后报了警。由于当天在强奸发生前他们有过性行为，所以检验人的脱氧核糖核酸就没用了。因此，需要环境证据来证实受害者的说法。嫌疑人坚称，他们在一片周围有草木的开阔地上进行了双方自愿的性行为。指控者则说，对方在林地里袭击了她。警方在这两个地点进行了仔细的采样，包括受害者和嫌疑人两人的衣服。样本中的花粉和真菌孢子类型，证实了受害者的说法。林地中的真菌孢子特别独特，这就有力地支持了受害者和嫌疑人都曾出现在林地中的说法。出示证据后，嫌疑人供认了罪行。

第12章 红肿脚踝事件

犯罪影响着我们所有人。它夺走了一些人所爱的人，或让一些人一贫如洗，毁了他们的家庭和生活。犯罪影响到每个人的税务账单。受犯罪影响的不仅仅是人类，野生动物犯罪是国际上关注的一个重要问题，有时候其对社会造成的危害甚至与持枪抢劫、贩卖人口和毒品交易不相上下。穿山甲、犀牛、大象、老虎等动物不可持续的、非法的贸易，是导致这些动物灭绝的主要原因。这类非法贸易的情况非常严重，现在经常登上头条新闻。植物也正在因非法贩运而灭绝，但很少上头条，保护植物的运动也没有得到英国皇室的支持。

当年我还在邱园求学的时候，英国一个机场查获了一批非法偷运的仙人掌。法庭审理之前，警方将扣押的仙人掌送往邱园进行鉴定和养护；这是植物园向社会提供服务的又一实例。由于在园艺中很盛行，许多野生仙人掌正面临灭绝的危险。非法挖掘野生仙人掌的人被诙谐地称为"盗掌贼"，尽管他们的行为并无半点儿诙谐可言。他们正在掠夺美洲的生物宝藏（世界上除了一种仙人掌以外，其他所有仙人掌都来自美洲）。那次送到邱园的仙人掌中，有一株是用绳子绑住，用卡车从地上拔出来的。仙人掌上有半月形的切口，那是扎绳子的地方。幸运的是，这株仙人掌存活了下来，并最终被纳入邱园的活体植物馆。每次回到邱园，我都会走一趟威尔士王妃馆，祝它一切顺利。它就在道边，也许你也能找到它——损伤痕迹仍然可见。

法医学正越来越多地应用于打击这种非法贸易和其他针对野生动物的非法活动。面对人类的掠夺，兰花显得尤其脆弱。像野生仙人掌一样，许多兰花被合法交易，但也有大量盗挖的野生兰花被非法交易，因为有丰厚的利润以及国际黑市巨大的市场。兰花也经常出现在各种传统药物和食品中。随着人口和需求的增加，以前可持续的、传统的获取方式，已经变成了大规模的开采。这个问题非常严重，许多国家都专门培训警察来打击野生动物犯罪。英国成立了国家野生动物罪案组，以打击这类犯罪行为，如迫害猛禽、猎兔、诱捕獾、猎狐等。还有人非法收集和交易野生鸟类标本（尤其是猛禽）、鸟蛋、蝴蝶、野生兰花等，这也是警方打击的重要目标。这项工作很多时候需要用到各种监视技术，以及涉及非人类脱氧核糖核酸、茸毛和羽毛毛囊等的新的鉴定方法（许多动物的茸毛和羽毛可以通过使用显微镜或者与博物馆标本比对进行鉴定）。

协助野生动物犯罪调查的法医实验室现在越来越多地使用脱氧核糖核酸技术来鉴定来自地球上最稀有、最濒危的生物（如犀牛角或干兰花）的加工材料或粉末。几年前，我去过中国云南，参加探索频道拍摄的一部纪录片。这部片子记录了中国惊人的植物多样性，以及中国人如何在全球化和现代化的今天仍然依赖于这一丰沛的资源。我们拍摄的一个片段是一个正在开发中的兰花种植园，种的是入药的品种。中药当中最重要的一种植物，也是九种"神奇草药"之一，是一种兰花，铁皮石斛（学名：*Dendrobium officinale*）。这种植物几百年来都是从野外采摘，而现在，不幸的是，野生的铁皮石斛正面临灭绝的危险。中国人试图通过种植来满足国内外对铁皮石斛日益增长的需求，但采自野外的仍以高价出售。监管贸易的一种方式是通过实验室检测。实验室用博物馆和植物园里的标本进行比对，验证扣押的是否为野生植物。

生物标本不仅为打击野生动物犯罪提供了宝贵的资源，而且是帮助我们了解新出现的疾病的信息库。2009 年，英国女王的别墅桑德林汉姆宫以及全国各地的其他一些地方发现了"季节性犬病"的首批病例。这种疾病导致狗在林地里出现呕吐、腹泻的症状。严重情况下，如果没有兽医干预，狗会死亡。这种令人始料不及的疾病在全国范围内迅速蔓延，引起了养狗人士的广泛关注。

动物健康信托基金会（AHT）的研究人员试图找出这种使人苦恼的神秘疾病的起因。当时社会上提出了各种各样的说法，包括农药、毒鼠剂或为毒死猛禽而非法投放的化学品。也有人认为起因可能是植物。当时很流行的一种说法是蓝藻。蓝藻是一种神奇的生物，它与细菌的亲缘关系比与其他类型的藻类或陆地植物更近。蓝藻遍布全球，能够适应的环境范围极广，且对生态环境非常重要。有些蓝藻——对科学家来说是蓝细菌（学名：*Cyanobacteria*）——经常与我们称为地衣的真菌进行共生结合。

如果没有蓝藻，点缀在树木、岩石和建筑物表皮上的那些橙色、棕色、绿色和灰色的美丽地衣将不复存在。有些蓝藻也恶名在外，能导致人类中毒，或者在接触和摄入受农业化肥或动物排泄物污染的内陆水后发生中毒。过量的营养物质会导致藻类大量繁殖，这意味着有些蓝藻种群在富含营养物质的水中会迅速增殖并茁壮成长，有时甚至达到危害环境的程度。

到 2011 年，季节性犬病的病例逐渐增加，人们的担忧与日俱增。那年 9 月初，我加入了动物健康信托基金会的研究团队，调查桑德林汉姆宫出现病例是否存在植物原因。有一对夫妇，就在几天前带着狗在林子里散步。不久之后，其中一条狗就病死了。我花了一天的时间穿梭于灌木丛中，寻找线索，但我看不到任何可能导致狗生病死亡的东西。我重点排查了有毒蓝藻可能存在的地方，但没找到。我还搜索了有毒的真菌和植物。虽然那片林地中确实有一些这样的植物，比如毛地黄（学名：*Digitalis purpurea*）和桂樱（学名：*Prunus laurocerasus*），但我看到的所有这些植物和真菌都已经在该环境中存在了几十年。如果它们是病因的话，这种疾病早在几十年前就该发现了。我们一无所获。我必须承认，根据动物健康信托基金会的研究人员事先告诉我的情况，我也没期望找到植物学病因。我怀疑是病毒或昆虫。

回伦敦的路上，我感觉脚踝有点儿痒。上床睡觉的时候，痒得更厉害了。第二天早上醒来，我的脚踝肿了起来，呈鲜红色。我赶紧去看医生，讲了发生的事情。我们都怀疑可能是某种看不见的生物造成的。医生给我开了些抗组胺药。当天晚些时候，肿胀明显减轻了，但看上去还是挺可怕。我拍了照片，咨询了我在自然历史博物馆的一位螨学家同事，他是一位螨虫专家。

螨虫与蜘蛛属于同一进化群。其中许多是植物害虫，也有一些会导致动物疾病。这类螨被称为秋螨或恙螨，主要存在于世界上较温暖的地区。在世界各地，有些品种的秋螨会传播一些相当令人讨厌的致病微生物，例如引起恙虫病的细菌。我的同事认为我的症状与秋螨有关。我在灌木丛中翻找搜寻的时候，似乎惹上了这些不请自来的小东西。不过，英国发现的已知品种中没有一种会引起这样的症状。有没有可能英国出现了一个新的秋螨品种或一种由秋螨传播的致病微生物？这是个合理的解释。生物学家记录了过去几十年来环境变化导致的大规模动植物迁移。我们还知道，通过航运和空运进行的国际贸易是生物入侵的重要途径。到目前为止，我们仍然不确定病因，但是患有季节性犬病的狗身上已经发现了秋螨，秋螨看起来是最有可能的致病因素。

第二年秋天，BBC《乡村档案》（*Countryfile*）节目的一位制片人联系了博物馆，问我是否愿意和动物健康信托基金会一同接受采访，讲述我们那次调查。我同意了。几天后，我在桑德林汉姆宫见到了《乡村档案》的主持人汤姆·希普。我有备而来，轻松地接受了采访；在博物馆的时光教会我的一项技能就是应付媒体。我与《乡村档案》的第一次接触，合作的对象是我儿时心目中的英雄——约翰·克莱文。他就我当时在做的一个关于蓝铃花的公众科学[1]项目采访了我。不幸的是，雨下了一整天，我们都患了重感冒。我记得和他一起坐在车里，我闷闷不乐地抱怨，希望这一天赶快结束，我相信他也有同感。不过，当时面对他，我心里还是有点儿追星族的忐忑。幸运的是，汤姆采访的那天，天气好多了，一切都很顺利。在BBC摄制组的镜头下，我们花了几个小时，重走了当时在桑德林汉姆宫调查的路线（这一次我没有在灌木丛中爬行）。我干了件蠢事，提到我被螨虫蹂躏的脚踝的那张照片。《乡村档案》节目组非常希望把那张照片用在节目中。几周后，我红肿的脚踝出现在《乡村档案》上。我暗自乐观地认为，有一天，这张照片可能会拯救一条狗命。

除了在外面寻找有毒的植物和真菌，我自己也种了不少。我十几岁的时候，有一个专门种植毒物的花坛，薄叶乌头（学名：*Aconitum napellus*）、毒水芹（学名：*Oenanthe crocata*）和夹竹桃（学名：*Nerium oleander*）是我的最爱。我曾经参与过一两起有毒植物致人死亡的案件，但对我来说，这种情况很罕见。罕见可能有几个原因。首先，许多中了毒的人不知道什么植物有毒，也不知道如何鉴别有毒的植物。因此，很多时候，投毒的人（或想要自杀的人）更有可能选择药柜、车库或花园棚子里的化学制剂。其次，与架子上的毒药瓶子相比，大多数未经提炼的植物毒素相对来说效率低，起效慢。英国发现的植物或真菌中存在的一些毒素可能需要相当长的时间才能致人死亡，而且被害人有可能会将

---

[1] 公众科学（Citizen Science），又称公民科学，指公众和职业科学家之间的合作，通常是公众成员参与收集、分类、记录或分析科学数据的项目。——译者注

其吐出来。最后，如果及时治疗，大多数植物中毒的被害人很有可能康复。

　　一般来说，英伦三岛上发现的大多数有毒的植物和真菌都有适当的治疗方法。也有例外，其中研究最为深入的一个是死亡帽（学名：*Amanita phalloides*）。其危险性从其名字就可见一斑。如果你摄入这种真菌达到足够的量，即使使用现代治疗方法，你也有很大的死亡概率。死亡帽如此可怕的一个原因是，它含有的毒性最强的物质（其中最厉害的要数 α - 鹅膏素；死亡帽又名毒鹅膏）是耐热的，其分子在烹饪中不会分解，仍然保持活性。不用说，死亡帽味道很好，所以你吃的时候不太可能把它吐出来。不幸的是，等到症状出现的时候（通常是摄入后 12 小时左右），可能已经为时已晚了。死于死亡帽中毒可能需要几天时间，随着毒素在体内发挥作用，人看起来好像在逐渐康复，但是最终，注定要被几乎无法摧毁的 α - 鹅膏素的持续毒性攻击打倒。

　　谢天谢地，死亡帽中毒非常罕见。不过，每年秋天，我的一个真菌学家朋友都在待命，等待医院打来的关于各种真菌意外中毒的电话。偶尔，这个"幸运"的家伙会在深夜收到快递给他的患者胃内容物。然后，他需要对黏液中的物质进行分类，用显微镜观察，鉴定里面的真菌。虽然我不用凌晨两点坐等快递员，但我也收到过胃内容物样本。我的职责是鉴定里面的植物。我能做的就这么多了，我不是毒理学家，也没接受过医学培训。我的观察结果会传递给更有资格下结论的人，他们会确认我所鉴定的植物是否是死亡原因。

自然界是一个充满毒性的世界。源自肉毒杆菌（学名：*Clostridium botulinum*，肉毒梭状芽胞杆菌）的肉毒蛋白是已知最具致命性的毒素，而死亡帽及其近亲，名字非常迷人的"毁灭天使"（学名：*Amanita virosa*，鳞柄白鹅膏），都不负其名。其实我们的野外和花园环境中也有很多有毒植物，但大多数接触起来都是完全安全的。广泛种植的蓖麻（学名：*Ricinus communis*），夏天能做凉席，种子能榨蓖麻油，可它同时也是人类已知的一种最臭名昭著的毒素——蓖麻毒——的来源。保加利亚作家格奥尔基·马尔科夫因持不同政见，被保加利亚特勤局的一名特工用蓖麻毒暗杀了。当时，马尔科夫在伦敦滑铁卢桥附近等公共汽车，突然感到右大腿一阵刺痛。他转过身来，看到一名男子拿起一把伞，匆匆离开。四天后，马尔科夫在医院去世。尸检发现，他的大腿内有一个直径不到两毫米的金属小球。小球上钻了几个小孔，里面填充了蓖麻毒。

大约十年前，我非常幸运地受邀参观了伦敦警察厅的黑色博物馆。那是地球上最令人称奇的地方之一，里面的展品记录了我们近期历史上一些最臭名昭著的罪行。在大量的绳索、枪支、砍刀和其他可怕的杀人工具中，就有杀死了马尔科夫的那枚银色的铂铱小球，摆在一个底座上展示，像宝石一样。

那个博物馆里到处都是令人难以置信的展品，有些甚至令人毛骨悚然。其中最吸引眼球的一件，是一名被前情人谋杀的男子的头盖骨。我记得，那大约是19世纪末发生的事。一个富裕家庭的年轻继承人爱上了家里的女佣。他们的关系被男方家人发现，女佣被赶出门，当时她已有孕在身。不幸的是，因为穷困潦倒又怀有身孕，她别无选择，只能靠卖淫为生。许多年后，她在这个行当里已经小有名气。这时候，她接待了一位新客户——她的前情人。他竟然没能认出她来！愤怒和复仇的欲望吞没了她。她安排人在他第二次前来取乐时将其杀害。杀人后，她和同伙将其斩首，把头骨裹上银，做成了高脚杯。其后多年，每一个漫长、疲惫的日子结束后，她都会把红酒倒进他的头骨里，为自己复仇胜利干杯。

我的童年记忆里有这样一个片段：母亲把一堆西红柿放在桌上，告诉我那是父亲从附近的污水处理场采来的。想到那些种子曾经从某人腹中穿肠而过又落地生根发芽，我就莫名兴奋。我记得自己对吃这样的东西并不反感。事后看来，这可能表明我很适合干这行。胃内容物的检查不仅是评估中毒概率的重要工具。胃和肠道内容物对于鉴定死者最后一餐吃了什么以及估算死亡时间也非常有用。美国有两名研究员，简·博克和大卫·诺里斯，在检验和鉴定死者消化道中发现的植物碎屑方面进行了开创性的研究。

有些植物的组织非常坚韧，不惧牙齿的碾磨、胃中的酸和消化道中的酶。有些甚至坚韧到，从人体另一端排泄出来的时候能够保持部分或完全完好无损。不仅如此，很多这类植物组织还具有独特的形态特征，可以用来鉴别死者最后一餐中的蔬菜成分。从胃内食物残渣中能够鉴别出来的常见食物有土豆、西红柿、卷心菜和豆类。

　　2001 年 9 月 21 日，伦敦泰晤士河发现了一名年轻男孩"亚当"被肢解的尸体。这起臭名昭著的谋杀案之所以被人们铭记，是因为有非常有力的证据表明他的死亡与一种名为"穆蒂"（muti）的仪式性谋杀有关。亚当的身份至今未被核实，但他的脱氧核糖核酸和骨骼中的矿物成分表明他来自尼日利亚贝宁城附近。知道籍贯这一点至关重要。仔细检查亚当的胃内容物发现，在他死前不久，他吃了一顿含有 19 种植物的饭，其中包括豆类。亚当消化道中的豆子残渣是通过检验豆子的外壳（植物学上叫种皮）来鉴定的。很多科的植物，种皮表面细胞的排列非常独特，可以用来鉴定吃下去的是什么植物。在亚当这个案子中，种皮经来自皇家植物园邱园的一位植物解剖学家鉴定，结果显示其源自卡拉巴豆（学名：*Physostigma venenosum*，毒扁豆）。如果警方不知道亚当的籍贯，邱园的鉴定工作就会受到极大的阻碍。世界范围内，豆科之下有数千个种。在全球范围内排查种类繁多的豆类，要比只锁定某一特定区域花费的时间长得多。

　　卡拉巴豆起源于热带非洲，长期以来一直与当地传统信仰密不可分，比如用卡拉巴豆来鉴别女巫。被怀疑是女巫的人会被迫饮用一种卡拉巴豆制成的调和物。喝完如果死了，就是有罪；如果活着，就是无辜的。警方认为，凶手为了起到麻醉的作用，让亚当吃下了卡拉巴豆，然后将其割喉。之后，亚当的头和四肢被砍掉。卡拉巴豆中的活性成分是毒扁豆碱，它会影响肌肉的神经信号传导，导致癫痫、流涎以及膀胱和肠道失控，如果剂量足够大，还会因窒息或心脏骤停而死亡。尽管毒扁豆碱恶名在外，与巫术和亚当的悲惨死亡脱不了干系，但是适当剂量的毒扁豆碱也能治疗青光眼，还能用作颠茄（学名：*Atropa belladonna*）和曼陀罗（学名：*Datura stramonium*）中毒的解毒剂。奇怪的是，亚当还吃了曼陀罗。这种植物因其毒性和致幻性而闻名于世。曼陀罗属于茄科（学名：Solanaceae），一个经常跟中毒扯上关系的植物科。茄科植物中很多都有毒，包括颠茄、烟草（学名：*Nicotiana tabacum*）和欧茄参（学名：*Mandragora officinarum*）。这个科里还有许多作为经济作物的食用植物，其中最为人熟知的包括番茄（学名：*Solanum lycopersicum*）、马铃薯（学名：*Solanum tuberosum*）和甜椒（学名：*Capsicum annuum*）。

不幸的是，杀害亚当的凶手至今未被绳之以法，不过总还有希望。到那时候，法医专家们（比如邱园的研究人员）缜密的鉴定工作可能会在给凶手定罪上起到关键作用。也有可能当年查案时还没有的新技术出现，帮助警方找到凶手，将其定罪。

第 13 章 环境法医学的未来

在经历了十多年的经济紧缩之后，现在可以说，英国的治安和犯罪现场勘查面临着巨大挑战。公共开支削减对资源产生了非常严重的影响，而且根据我的经验，这也导致警方越来越不愿意去找专业的司法鉴定机构。警方似乎也很难在法医植物学等专业领域为其工作人员提供培训。如果没有这种培训，很难想象犯罪现场管理人、警方搜查顾问或警探会考虑使用他们不了解或从未听说过的技术。随着警方发现资金上越来越难以负担专业的法医检验，由此产生了一个连锁反应：没有来自警方的收入，司法鉴定机构就无法提供一些专业服务。过去几年，我们看到越来越多的对我国私营司法鉴定机构生存能力的担忧。一些公司倒闭了，我怀疑其他公司也会步其后尘。

我们的社会对公共服务有着巨大的期望，公众期望警方给我们最高标准的服务，确实应该如此。但是，我现在也很清楚，我们对警方的工作也有一些不甚合理的期望。过去几年里，我经常看到警察在小报和社交媒体上遭到抨击，原因是他们在执勤期间休息或吃饭，我感到非常震惊。这种批评是毫无人性的，完全是出于不切实际的、无法实现的要求。有了与警方工作人员一起在严寒中匍匐在地爬行数小时的经历后，我想说，总的来说他们值得我们赞扬。当然，腐败或程序不当还是应该受到置疑、接受处理，另外也有一些害群之马。这些问题存在于我们的许多国家机构和大型组织中。同样清楚的是，警方内部存在体制缺陷，可能一点儿小的缺陷就会对社会造成很大的影响。不过，我怀疑许多缺陷是由于警方经费不足造成的。过去十年里，我目睹了警方为解决严重犯罪案件所付出的努力，以及他们工作中被施加的越来越严格的限制。像我这样的专家起到的作用相对较小，而我担心，如果我们继续沿着我们所走的路线前进，这种作用可能会变得更小。警方似乎不太愿意投入宝贵的资源去探索他们可能不熟悉的调查方式。尽管技术进步为刑侦提供了新的途径，但我担心，随着办案人员的时间越来越紧迫，他们探究这些途径的机会会越来越少。

与警方合作的一个最大的挑战就是说服他们，让他们相信全面的环境勘查会带来最理想的结果。大部分犯罪现场专家的工作领域都是自成一体、互不相关的。例如，现场的枪击残留物不依赖于其他形式的痕迹证据，如玻璃碎片或纤维。这与从自然环境中收集信息大不相同。土壤类型可以表明该环境中可能存在的植物群落，进而可以根据植物群落预测该环境中存在什么样的无脊椎动物、真菌和微生物。

常见的岩蔷薇（学名：*Helianthemum nummularium*，金钱半日花）是一种很受欢迎的园艺植物，能耐受各种土壤。而在野外，这种分布相对广泛的植物就显得有点儿挑剔了。英国野外生长岩蔷薇的地方，几乎都是石灰质土壤，下面要么是石灰岩，要么是白垩。只有苏格兰的一些地区除外，那里的岩蔷薇长在酸性土壤上。即使是酸性土壤，岩蔷薇仍然很挑剔：只长在阳光充足的地方和拥有数十年或数百年历史的草地上。岩蔷薇有一套与其共生的生物群落，其中一些完全依赖于岩蔷薇。岩蔷薇的根部内及根部周围，生活着各种各样的真菌，包括牛肝菌、奶盖菌、网盖菌、纤维盖菌等。岩蔷薇和这些菌根（真菌与植物根的共生体）群落中的真菌通过交换食物和养分，双方都能受益。以未开放的花蕾和花粉为食的是花粉甲虫（学名：*Meligethes solidus*），在树叶上觅食的有四种昆虫，其中一种是反向叶蝉（学名：*Emelyanoviana contraria*），极为罕见，仅见于约克郡的石灰石路面上。这里所说的石灰石路面指的不是街道的铺装路面，而是由水的侵蚀力造成的一种罕见的自然栖息地。几种蛾的幼虫也靠岩蔷薇为生，包括一种潜叶蛾——托叶鞘翅蛾（学名：*Coleophora ochrea*）。潜叶昆虫非同寻常，它们大部分时间都在叶片内挖洞，吃叶片上下表面之间的软组织。此外，叶片间还有土耳其叶甲（学名：*Mantura matthewsii*），分布相当广泛；还有一种较为罕见的针嘴象鼻虫（学名：*Helianthemapion aciculare*），仅见于北威尔士的大欧姆（Great Orme）；极为罕见的岩蔷薇盆栽甲虫（学名：*Cryptocephalus primarius*），仅见于英格兰南部的少数几个地方。还有许多其他无脊椎动物以岩蔷薇为食，但并不完全依赖于岩蔷薇，比如美丽的豆灰蝶（学名：*Plebejus argus*）。

这个例子不光能让我们对生态系统的复杂性有所了解，同时也表明，采自犯罪现场的生物学资料不应孤立地看待。如果我拿到一件含有黏土颗粒和岩蔷薇花粉的证物，我很可能会得出结论：这个样本来自花园。可是，如果我收到一份含有白垩颗粒、岩蔷薇花粉和土耳其叶甲鞘翅的样本，我很可能会得出结论：这个样本取自白垩草地。这个例子是想象的，但离现实可能不远。我经常收到含有土壤和除植物以外的生物成分的东西。虽然我自认为没有这种专业能力去分辨土壤类型或根据鞘翅来鉴别甲虫，但是在这种情况下我的知识足够我做一件事：我可以判断出这些资料可能存在做证据的价值，并找到具备专业技能的人来鉴定。

我参与过的两个案子，就需要将采自现场的生物学资料作为整体来看待。其中一个案子，我和一位生物学家同事在一件证物中发现了几种非常有趣的生物。其中有一种极其罕见的昆虫，整个不列颠及爱尔兰只有一个地方发现过。这一点，包括其他一些信息，让我们相信，这件证物极有可能来自海外。另外一个案子是一起非常残暴的奸杀案，警方拒绝检验环境样本。这两个案子，我认为，对证物进行进一步检验很可能会发现重要线索。令人沮丧的是，这两起案件，警方都拒绝从这个途径追查。我上次查看的时候，这两个案子都还是悬案。

几年过去了，这种"不予追查"的选择仍然让我感到沮丧。对于你无法苟同的决定，很难不生气。我知道这种情况在各行各业都有发生，但是如果涉及谋杀案，会有一种特别的刺痛感。我不会失眠，不会被警方的决定所困扰，但这种事肯定会让我感到气愤。其中一个案子已经过去 6 年，死者的亲友仍沉浸在悲痛中，却不知道谁该为此负责。我最近有一次开车从发现受害人严重腐烂遗体的地方经过。我一边开车，一边在心里回顾了一遍这个案子，默默诅咒这个"不予追查"的决定。

我通常并不了解警方为什么选择不再继续某个途径的侦查。警方没有义务向我这样的人解释他们的行动。他们可能需要在法庭上为自己的行动辩护，而我也可能被传唤到庭上，解释我的发现并据此给出建议。警方在上述案件中的决策动机尚不清楚，但我怀疑最可能的原因是缺钱。我担心培训不足也是一个因素。自然世界极其复杂，需要时间和经验来理解。警察，特别是犯罪现场管理人，需要接受培训，才能够了解法医植物学或昆虫学等专业学科何时可能对查案有用。我见过一些为英国警方工作的人，他们以前从未听说过法医植物学。从我的角度来说，我觉得警方有必要就环境法医学的各个方面进行一些入门培训。

公共资源的丢失是在不知不觉中渐进发生的。我还在伦敦自然历史博物馆工作的时候，有一次接到一个请求，希望我们接管法医科学服务处（FSS）淘汰掉的标本库。法医科学服务处是一家国有公司，为英格兰和威尔士的警方和政府机构提供法医学服务。法医科学服务处的植物标本库是由其工作人员在大约 30 年的时间里积累的，用作他们工作时的参考资料。我接到那个请求的时候，法医科学服务处中具有植物学专业背景的工作人员已经一个都没有了，存放那些标本的地方正准备移交给另一家机构。要么伦敦自然历史博物馆接手那些标本，要么就只能处理掉。

我已经习惯了这种请求，这是一件可悲的事。很多时候，逝者的家属会来找相关样本，不希望将其扔掉。有一次，一名教师联系了我，他抢救了一批维多利亚时代收集的标本，有数千件之多，非常珍贵。那家学校对植物标本没兴趣，打算把那些标本扔掉。可悲的是，这种无视自然历史遗产的收藏及其历史、文化和科学价值的现象并不罕见。在很多人眼里，植物标本仅仅是"压扁的干花"而已，毫无价值。可是，这些标本里经常包含着重要的文化资料和科学信息，这些资料和信息能帮助我们去了解周围的世界，让我们的生活更丰富。

尽管我没有见过法医科学服务处的标本库，但我觉得应该具有一定的科学和历史价值，所以我同意看一看。不出所料，标本库的状态并不好。标本都塞在塑料袋里，显然需要花些心思去整理。我代表自然历史博物馆同意接收这批标本，将其纳入博物馆的藏品。这样做需要我的志愿者团队和工作人员花费很多时间。这些标本需要进行评估，没办法使用的要丢弃。然后，要将标本重新装裱到专用纸上（每张纸的价格约为80便士，取决于当时的物价），并进行编目。几年前我计算过，一份标本进行装裱和信息录入的价格约为7.50英镑；毫无疑问，现在的价格要更高了。法医科学服务处的植物标本库需要几百张标本纸，却没有与之同来的支票。博物馆不得不承担保存这份重要资料的费用。

这种情况经常发生。要么收藏，要么丢进垃圾箱。就好像拿枪顶着太阳穴逼你做选择！好在，我的志愿者小伙伴们装裱时玩得很开心。我经常帮忙鉴别大麻。有一次有个案子，一家大麻工厂的老板想要纵火毁灭证据。我不知道当时具体的情况，因为正如大多时候一样，我无法从警方那里获知案件的细节。快递员送来一个塑料容器，里面装着一些皱缩的、烧焦的残破叶片。叶片受损严重，而且由于高温，卷成球状。我一眼就知道那是大麻，但我还是决定再确认一下，既是出于我个人的自我满足心理，同时也是为了确保不要犯错！我小心地将叶片润湿，直到其吸入水分，变得柔软。经过大约一个小时的精心侍弄，我得到了三四片部分完整的叶子。我轻轻将其压平，干燥了几天，这样叶子就能保持在这个状态，可以拍照了。大多时候，我会将叶片与标本库的资料进行比对，但大麻叶子非常独特，根本没必要！

说句题外话，目前的政府法规要求博物馆持有限制物品需要拥有许可证。这种规定本身无可厚非，但执行起来却意义不大。我们告诉内政部，没有头脑清醒的人会去吸食我们的大麻标本，但他们仍然要求将样本锁在单独的柜子中（存放样本的房间本身已经上锁了），并且每年都必须称重，确保没有人偷用。谁会费那么大事去吸食它啊？要知道，标本是粘在纸上的。要么你得拿一张植物标本室的纸重做一份，要么得把叶子从纸上刮下来。不光这样，伦敦自然历史博物馆的大多数植物标本，像其他博物馆的标本一样，都被萘或氯化汞污染了，而且已经有 100 多年的历史，四氢大麻酚的含量所剩无几。

法医科学服务处的那批植物标本现在已经安全地安置在了自然历史博物馆的不列颠及爱尔兰植物标本馆中。2010 年，就在我们抢救这批标本后不久，政府宣布取消法医科学服务处的服务。这家公司每月亏损约 200 万英镑。巧的是，我在酒吧里认识的一个人是法医科学服务处的高级职员。这是他梦寐以求的工作，或者说他曾经是这么想的，直到他被告知每个人都要被裁掉，包括他自己。他努力为手下做好裁员准备，尽量保护好他们的未来和职业生涯。有些人出国了，有些人去了私营公司，还有些人离开了这个行业。与此同时，法医科学服务处要将数百万件证物归还给全国各地的警方。正如你能想到的一样，警方没有得到任何额外的帮助来保管这些突如其来的资料。

总的来说，法医学行业现在在英国的情况不是很好。2010 年，法医科学服务处关门后，私营同类公司迅速扩张。私营公司通常有他们各自擅长的特定技术或专业领域。有的公司主营人类脱氧核糖核酸检验工作；有的公司专攻痕迹证据，如纤维制品或枪支残留物等；有些大公司经营范围更广，包括骨骼鉴定、地理信息系统[1]、考古学、环境法医学等。很多时候，这些技术都在法医科学服务处或一些刑警队中用过。最近，部分私营公司似乎正在收缩，面临严峻挑战，这主要是由于过去十年中政府大幅削减了警方的预算。2019 年初，上议院科学技术委员会完成了对英格兰和威尔士法医学状况的调查。出席委员会会议的许多人表达了强烈的担忧，有些人认为目前的情况不可持续。委员会发布的报告令人痛惜。"我们收到的证据表明，法医学在刑事司法系统中未能得到良好应用，这可归因于缺乏高层统筹领导、缺乏资金和研发水平不足。在整个调查过程中，我们看到了英格兰和威尔士法医学的衰落，特别是取消政府法医学服务之后。"人们普遍担

---

[1] 地理信息系统(Geographic Information System，简称 GIS)，又名地学信息系统。它是在计算机硬、软件系统支持下，对整个或部分地球表层（包括大气层）空间中的有关地理分布数据进行采集、储存、管理、运算、分析、显示和描述的技术系统。——译者注

心英格兰和威尔士的法医质量显著下降。国际法医学协会（IAFS）主席克劳德·鲁克斯教授在委员会上发言时说："我做学生的时候，英格兰和威尔士所奉行的，基本上来说，是国际标准。那是法医学的'麦加'[1]。大约 30 年后，我从外部看到……这是一场持续的国家危机，而现阶段的情况更像是一个不值得效仿的先例。"刑事司法系统内部也普遍存在担忧，恐怕道德品质不佳或者行事莽撞的人会成为专家证人。许多人认为，现在没有足够的机制来确保专家证人具备适当的资质或经验，确保他们理解并敬畏上法庭的职责。

我个人的感觉是，警方越来越不愿意尝试一些对他们来说新奇的东西。他们不仅不太愿意在法医植物学等方面花费资金，而且似乎也没时间去了解这些东西所能带来的成果。过去三年，我曾多次向不同地方的警方提出过，可以去给犯罪现场管理人和警探讲解"花"能给他们提供什么信息。令人失望的是，到目前为止，我的提议还没有被接受过。我不认为他们对这个主意有什么敌意，我觉得他们就是没时间。他们几乎没有时间思考，更不用说计划了。我能从他们的眼睛里看到这一点。他们接过我的名片，对举行培训会的主意表达了兴趣和热情，然后，数千封电子邮件纷至沓来，塞满了他们晕头转向的脑袋，我的名片就这样被遗忘了。

---

[1] 麦加（Mecca），沙特阿拉伯城市、伊斯兰教圣城，先知穆罕默德的诞生地，穆斯林祈祷时朝拜的方向。——译者注

　　尽管短期之内前景黯淡，但我确实觉得环境法医学可以对刑侦大有作为。法医植物学和环境法医学的其他一些领域尚未完全接受脱氧核糖核酸测序所引发的科学革命。脱氧核糖核酸测序经常与脱氧核糖核酸指纹（也称为指纹分析）混淆。测序是识别我们脱氧核糖核酸的构成要素，即核苷酸，而指纹分析则是破译核苷酸组合的编码。指纹分析相当于描绘一条长长的街道，给出房屋的门牌号，指出每栋房子是现代的、维多利亚时期的，还是乔治王朝时期的。测序则相当于将每一栋房子拆开，对每一块石头或砖块进行重新编码。

　　过去几年，脱氧核糖核酸测序技术有了长足的进步。我们不仅能够得到更多数据，而且得到的速度更快、花的钱更少。更重要的是，我们从严重腐烂或混合的样本中提取脱氧核糖核酸的能力已经大大提高。古脱氧核糖核酸检验技术的进步，为重新审视悬案和检验证物中的非人类脱氧核糖核酸痕迹带来巨大的潜力。古脱氧核糖核酸就是残留在古老的、已发生降解的生物资料上的脱氧核糖核酸。古脱氧核糖核酸检验技术的发展很大程度上源自我们渴望从已灭绝生物和亚化石中提取到脱氧核糖核酸。例如，在植物学界，古脱氧核糖核酸检验技术已经用于从 300 年前的植物标本中提取脱氧核糖核酸，以帮助了解当时甜薯（学名：*Ipomoea batatas*，番薯）的种植情况。园艺爱好者可能会认识番薯属（*Ipomoea*）这个名字，牵牛花就是这个属。我们现在能够从墙壁、鞋子、土壤或几乎任何与生物体接触过的物体表面提取脱氧核糖核酸。

现在称为"环境脱氧核糖核酸"（e 脱氧核糖核酸）的学科，其发展很大程度上源自环境保护主义者和那些致力于控制入侵物种传播的人们所做的工作。这方面我最喜欢的一个例子就是北美大湖区的一个项目。大湖区正受到严重威胁，其中包括污染和物种入侵。自 20 世纪上半叶以来，一种引入的鱼类——海七鳃鳗（学名：*Petromyzon marinus*）——一直对当地湖泊中的鱼类种群造成严重破坏。传统上，控制海七鳃鳗的方法是用杀螨剂。不幸的是，这些化学污染物也会危害湖泊中的其他非入侵品种的七鳃鳗，还会影响其他鱼类（如鲟鱼）和两栖动物。马尼托巴大学的研究人员最近开发了一种从河水或湖水中分离出海七鳃鳗脱氧核糖核酸的方法。怎么做到的呢？答案就是通过追踪它们的小便。所有动物都必须排泄，排泄物通过排尿或排便排出。这些废物中就含有来自动物身体的细胞。科学家开发的这项测试不仅能够检测到海七鳃鳗，还能够将它们的脱氧核糖核酸与生活在该地区的非入侵性七鳃鳗的脱氧核糖核酸区分开来。了解入侵性海七鳃鳗生活的位置意味着可以使用对环境影响较小的控制措施（如性信息素陷阱）来控制其数量。

提取自植物脱氧核糖核酸的信息已经在刑侦中使用了。我不知道英国有没有案例，但荷兰和美国都用过植物脱氧核糖核酸指纹技术。植物和动物一样，依赖脱氧核糖核酸来将基本化学成分编码，这种编码使我们每个人都独一无二。不过，也有例外。在植物学界，许多植物都是克隆的。也就是说，它们具有彼此相同的遗传构成。最典型的例子就是草莓，母株会从顶端长出纤匐枝，从而产生小植株。这些"子株"，每一株都与原始植株完全相同。一种常见的室内植物，蜘蛛草（学名：*Chlorophytum comosum*，吊兰），也是一样；每一株都有相同的小植株悬挂在下垂茎的末端。一些自然产生的克隆可能体形非常巨大；美国犹他州鱼湖国家公园的一株颤杨（学名：*Populus tremuloides*），占地 43 公顷，估计重达 6000 吨。这株被称为"潘多"的克隆植物估计有 8 万年的历史。克隆也发生在动物身上，这种情况较为罕见，但在一些蛇、鲨鱼和许多无脊椎动物（如蚜虫）中都出现过。

基因相同的植物给法医植物学带来了一个问题。如果在犯罪现场周围或者更远的地方发现了相同基因的植物，专家证人就不太可能向法庭证明嫌疑人在犯罪现场。幸运的是，许多植物不是克隆的，植物的脱氧核糖核酸信息也已经在法庭上使用。在美国亚利桑那州，从一辆运送谋杀受害者尸体的卡车后部收集的蓝花假紫荆树（学名：*Cercidium floridum*）的果实，帮助警方锁定了犯罪嫌疑人。利用植物脱氧核糖核酸技术，科学家能够证明该果实来自一家工厂的一棵树。据信，嫌疑人马克·博根将受害者丹妮丝·约翰逊的尸体丢弃在该工厂。博根随后被判犯有谋杀罪。这是发生在 1992 年的一起案件，之所以值得注意，是因为这可能是第一次在法庭上使用植物脱氧核糖核酸证据，这类证据在刑事法庭上仍然非常罕见。广泛应用的最大障碍是资金，脱氧核糖核酸技术一直非常昂贵。值得庆幸的是，随着新技术的出现，成本正在下降，我相信不久之后这些技术就会实现更广泛的应用。

从环境样本中识别一个物种的可能性也有很大不同。从技术上讲，现在可以对样本中存在的生物给出全面的成分解析。一个不起眼的荒凉角落里有多少微生物生活在我们眼皮底下？数量可能会让你惊讶。几年前，自然历史博物馆发起过一个名为"微观宇宙"（Microverse）的公众科学项目，调查建筑环境中墙壁和其他硬质表面上的微生物多样性。结果让公众大吃一惊：细菌和真菌等微生物的数量和多样性远远超过预期。除此之外，研究人员发现，微生物群落与环境的不同类型有关。生活在砖上的微生物与生活在混凝土上的微生物不同，在古老墙面上发现的微生物群落与在新房上发现的不一样。现在相当于我们有可能确定嫌疑人的行踪并提供有力证据。

那么，我们为什么没能做到呢？还是钱的问题。在法庭上使用这样的科学技术之前，需要做很多工作。首先，需要精心设计研究计划来完善核心技术。进一步的工作包括开发在法医环境中应用这些科学技术的具有成本效益的方法，培训犯罪现场管理人和警探，确保使用这些技术在司法系统内可以接受，等等。这似乎是一项繁杂又艰巨的任务，但随着犯罪分子越来越意识到"不能做什么"，我们需要新的、越来越复杂的工具来确保罪犯认罪服法。

我在这本书里多次表达了我对这个星球上的真菌生物无限的热情。这并不奇怪，因为我的博士学位的课题就是关于这些迷人生物的进化。我们死后，微生物和真菌会与我们发生各种各样的相互作用。理解这些相互作用是探索这类知识在环境法医学中应用的关键。我最喜欢的一种真菌群是爪甲团囊菌目（学名：Onygenales）。爪甲团囊菌目内的真菌特别擅长分解角蛋白——

一种构成皮肤外层以及毛发、角、爪和蹄的复杂蛋白质。这类真菌非常特殊，其中有一些我们非常熟悉，例如令人掩鼻的脚气（学名：*Trichophyton rubrum*，红色毛癣菌）或癣（由几种不同的真菌引起）。它们有些是人类患病的重要原因，还有些则比较鲜为人知，有非常特殊的需求。其中一种，角茎球（学名：*Onygena equina*，马爪甲团囊菌），生活在绵羊、山羊和马的角和蹄上。如果你运气好又善于观察的话，你可能会在乡间路边死去动物的尸体上看到这种真菌。像角茎球这样的真菌是如何在哺乳动物的皮肤、指甲和毛发上繁殖？繁殖速度有多快？了解这些知识不仅很有趣，而且可以为法医学提供重要的意见。如果我们能够估算一种真菌存了多长时间，我们就可以估算一个人的遗体在发现地停留了多久。

在我的法医职业生涯中，有几次我需要检验死者皮肤上的真菌。第一次是一名婴儿。事实上，那是我参与的第一个案子，比我在本书开头讲的那次探访疑似犯罪现场还要早很多。那次，警方给我发了照片，问我是否可以根据孩子皮肤上真菌菌落的生长情况来估算孩子的死亡时间。我觉得很有挑战性。照片是平面的图像，这是我第一次遇到需要靠图像来辨别的情况。更重要的是，关于寄生在死者皮肤上的真菌有哪些种类，已掌握的知识甚少。这些真菌可能是导致脚气或癣的微生物，也可能完全是其他微生物。

我跟警方建议，说我需要一份活的真菌样本，这样我才能首先识别出那些真菌，然后再考虑怎么培养。真菌的培养有时候是非常复杂的。很多真菌对营养物质有非常复杂的、特殊的需求，换句话说，非常"挑食"。所以我们要做的就是模仿它们喜欢的食物源。就这个案子而言，我打算用一种标准的培养基——肉汤琼脂培养基。生物学家使用琼脂培养基培养真菌和细菌。这种培养基的制作方法是通过烹饪营养肉汤，如水煮骨头和琼脂。冷却后，肉汤凝固成一种固态的凝胶，真菌或细菌可以在其上生长。肉汤凝固成凝胶的原因是琼脂，通常提取自藻类（通常是石花菜属，学名：*Gelidium* spp.）。肉提供了真菌需要的核心营养，而琼脂提供了真菌生长的物理基础。你可能很惊讶，不过微生物学家在培养真菌和细菌上确实通常有自己喜欢的"食谱"。我为我的博士研究课题——霜霉纲（学名：Peronosporomycetes）——做实验的时候，曾经在大麻种子、白蚁翅膀和蛇的鳞片上培养真菌。从证物上培养出这种真菌是非常必要的，因为如果没有活的真菌来进行实验，我就无法估算其生长速度。警方表示已经收集了样本，会马上寄给我。两周后，什么都没收到。于是我联系了警方，后者告诉我他们把样本弄丢了（还是弄坏了）！

不用说，弄丢证据是非常恶劣的行为。但这件事也让我注意到另外一点。根据我的经验，有些警方或法医鉴定机构对如何正确储存活体资料或生物标本知之甚少。有几次，我需要检验死者身上的真菌群落。那些真菌明显储存不良，很可能都快死了。这很可惜，因为皮肤表面的真菌和细菌群落有助于确定尸体在某一环境中存在了多长时间。假设有这样一种情况：某人在一栋建筑中被杀，尸体在那栋建筑中存放了几天，然后被转移到林地里。通过真菌和细菌群落的检验，能够对死亡时间以及尸体在林地中存在的时间提出独立的估算，这对于推断犯罪发生过程至关重要。

估算死亡时间是出了名地具有挑战性，而这一信息又经常对推断犯罪过程和定罪至关重要。传统上，验尸中会判定尸体的腐烂阶段，死亡时间通常据此来估算。尸检人员会关注尸体的冷却度、青黑度、是否存在以尸体为食的昆虫（如丽蝇），如果到后期的腐烂阶段的话，还要看腐化的程度。法医昆虫学家（比如来自伦敦自然历史博物馆的团队）以及其他相关方面的专家也给了上述尸检结果越来越多的支持。

对我们大多数人来说，腐烂是一件可怕的事。腐烂在我们的头脑中敲响了感染的警钟，也在直白地提醒我们死亡的存在。几乎每一部恐怖小说或电影都会将腐烂作为引发恐惧的常用手段。事实上，腐烂是一个复杂而又奇妙的生物过程。当我们腐烂时，不同的细菌和其他微生物群落会争夺空间和食物。在生态学中，这个变化的过程叫作演替。自然世界中，演替随处可见。如果你喜欢园艺的话，新挖的花池里面发生的生物变化就是一个早期的演替阶段。如果你不去管它，足够长的时间后，一年生植物会被多年生植物所取代，而多年生植物又将多半被灌木取代，最终是树木。

不只是花池，在更为广阔的环境中演替也在发生，而腐烂就是与这种演替非常相似的过程。早期演替阶段中的微生物会争夺最容易获得的食物源，即遍布我们身体的单糖和碳水化合物。随着身体越来越多地被消耗掉，能够处理复杂化合物（如韧带和软骨中的蛋白质）的微生物逐渐占据优势。那些以单糖和碳水化合物为食的微生物会减少，直至消失；它们也会死亡。最后，我们只剩骨头。不过，即使骨头里面，也有微生物，这些微生物已经进化到可以消化我们骨骼中坚硬的成分。细菌和真菌的多样性令人惊讶，其中许多都对食物源有极强的针对性。

微生物世界的复杂性和多样性正越来越多地被探索，让我们对推断死亡时间有了更深的理解。人们越来越意识到腐烂是一种演替，因此其发生过程是有时间顺序的。这为我们打开了一扇大门，让我们能够将腐烂产生的微生物作为更好地估算死亡时间的一种手段。最近脱氧核糖核酸测序方面的技术进步使得获取数据变得更加实用和快捷。重要的是，相对廉价的脱氧核糖核酸测序技术的出现使得科学家们更能负担得起对这些复杂的微生物群落的探索。对腐烂生物学的详细研究是最近才进行的，大部分工作都是从 2010 年开始的，因此术语上还没有统一。我们有两个术语指代这方面的研究，"尸体微生物群"（necrobiome）和"死亡微生物群落"（thanatomicrobiome）差不多同时出现在科学文献中，前者的使用似乎更广泛。两者都是研究死后在我们身上和体内发现的微生物群落，这些微生物是腐烂过程的重要组成部分。

这一领域的科学出版物数量仍然很少，但一些结论逐渐出现。显著影响尸体内部腐烂速率的主要外部因素是温度，尽管水和湿度也可能有一些影响。如果我们能够确定尸体所在的林地的平均温度，那么我们就有可能估算死者死亡的时间。使用脱氧核糖核酸测序数据的研究表明，腐烂分解的过程中，体内微生物群落发生了显著变化。例如，当身体腐烂时，梭状芽孢杆菌属（学名：*Clostridium*）细菌的数量会增加。这也是储存不善的肉类存在潜在危险的原因之一；梭状芽孢杆菌会产生几种对人类有剧毒的化合物。还有一点是，身体组织的破裂会将营养物质释放到邻近的环境中，提高环境的 pH。距离微生物时钟在法庭上用作证据可能还有几年的时间，但我相信这种方法很快就会成为标准。

我们体内的微生物时钟体现在我们死后周围生物群落对我们尸体的反应中。我经常听到有人建议，说可以根据植物的茂盛生长程度寻找埋尸地点。不幸的是，现实远比这复杂得多。世界各地有过一些墓地实验研究，墓地里或者埋入死猪，或者是空墓（做参照对比）。其中很多结果显示，植物可能会对地面的翻动做出反应，长得更旺盛，有死猪的墓地或空墓都是如此。最可能的原因是翻挖和改变土壤结构，导致土壤中养分的释放和迁移。其道理与园艺或农业中的种植或耕作过程类似。

如果植物根系无法触及尸体或靠近尸体附近的区域，也就是说尸体埋得比较深的话，那么尸体的存在就不太可能影响植物的生长。植物获得营养的方式与动物完全不同。简单地说，植物吸收阳光、二氧化碳和水，生成糖类等碳水化合物。植物通过阳光的作用，将简单的分子构建成复杂的分子，由此获得能量。动物的方式则正相反。我们吃进复杂的有机化合物，然后将其分解成简单的化合物。在腐烂的早期阶段，细菌将化合物分解，分解出的许多化合物非常复杂，可能对植物生长有害。只有在腐烂的最后阶段，分解出来的化合物才可供植物代谢。大多数情况下，一开始尸体的存在可能会抑制植物的生长，但随着时间推移，生长可能会变得旺盛。如果考虑到土壤类型或生态系统中其他生物（如真菌和无脊椎动物）的潜在影响，这个系统就会更复杂。这个课题很有趣，也需要大量研究。在理想情况下，要做这方面的研究，需要在国内建立一个尸研所，对尸体与环境和生态的相互作用开展研究。尸研所就是科学家可以研究尸体腐烂分解过程的地方。尸体来自捐献，目的是支持对我们死后身体发生的事情进行重要的科学研究。尸研所还有一项重要任务，就是模拟谋杀或灾难场景。世界上最著名的尸研所大概要数美国田纳西州的尸研所，这家机构在世界各地的报纸文章和电视节目中都有报道。现在，美国、澳大利亚和荷兰的多个地方都建立了尸研所。希望我们也能在英国建立一个。尸研所对于了解诸如外伤或溺水等死亡原因如何影响尸体的腐烂很有价值。尸研所对于我们了解"坏死生物群落"的发展也很有价值。虽然科学家可以用捐献的人体组织或替代品（比如猪）在实验室里进行实验，但效果没有用完整的尸体好。用捐献的遗体进行研究是非常重要的。值得庆幸的是，人们对这项工作的价值越来越重视，这意味着许多人愿意在去世后捐献自己的遗体。我觉得我可以考虑一下。我一直幻想着天葬，就是把遗体放在露天环境中，让野生的食腐动物来吃。在世界上的一些地方，这种食腐动物是秃鹫。可悲的是，在许多地区，由于双氯芬酸中毒，秃鹫现在处于极度濒危状态（双氯芬酸一般被兽医用作止痛药，兽医给家畜用了双氯芬酸，秃鹫再吃这些家畜的尸体，于是中毒）。有些品种的秃鹫，95%以上已经消失，对环境和人类健康造成严重后果。秃鹫的减少意味着更多的尸体留给豺狼、狐狸和野狗食用。由于这些动物数量的增加，一些地区的狂犬病病例数量已经有所增加。英格兰南部显然没有秃鹫，但也许某位好心的农民能够帮忙，将我的遗体放至某处，这样我就可以养活当地的红鸢种群。我很喜欢这个主意。

　　环境法医学的未来看起来充满希望，前景令人振奋，但前提是我们能够克服普遍存在的重要挑战，比如来自公众和研究资金方面的挑战。环境脱氧核糖核酸和古脱氧核糖核酸技术的最新进展有可能彻底改变犯罪现场的管理方式。随着世界各地越来越多的尸研所建立起来，形成一个不断壮大的国际研究社区，探索微生物群落如何在人死亡后改变我们的遗体，很可能有助于帮警方估算死亡时间。所有这些进步，如果再能得到证物收集和存档方面有力的支持，就完全有可能将环境法医学置于法庭取证的核心位置。这些新方法的开发必须与传统技术同步进行，传统技术包括识别犯罪现场的植物（和其他生物），以及对其能否作为证据进行判断。

　　未来我在法医植物学界的工作仍然充满未知数，令人期待。我们的星球充满了令人惊叹的生命，我们身边的植物滋养和丰富了我们的生活。我很幸运，我可以在小路上漫步，欣赏路边千姿百态的植物，打开我家院子的大门，在温室里安心地闲坐。坐在温室里，我可以侍弄我最近培育发芽的一批种子。今年，我对我种的五个品种的西红柿特别满意。大约一周后，我就能吃到第一批新鲜采摘的果实了。此时，距离我父亲把从污水处理场采摘的西红柿放到厨房餐桌上，已经差不多过去 48 年了。

我很荣幸能够利用我的知识为那些因他人的不当行为而过早离世的冤魂伸张正义。几十年来，我的知识在观察和思考中不断发展，大部分时候都伴随着家人和朋友的爱和支持。我 12 岁的时候，我妈妈已经成为擅长急刹的专家了。我坐在副驾驶座上，凝视着窗外，突然发出一声尖叫。她平静地问："在哪里？"我激动地答："后退二十码。"妈妈按照我要求的距离倒车，我跳下车，跳进沟里。这是我第一次看到草地老鹳草（学名：*Geranium pratense* ）的情形，那是我们最美丽的野生植物之一。进入法医植物学的世界，使我与植物的关系重新焕发活力并丰富起来。我现在不仅花更多的时间在显微镜下仔细观察植物，我看待植物的方式也跟以前不同了。我经常会发现自己在思考植物的生长模式，枝杈间的关系，或者在犯罪实施过程中受到损伤后植物会如何重新生长。我承认，即使有 45 年的观察植物的经历，我仍有很多东西需要学习。

最后，我对那些多年来每一天都在不懈努力，努力侦破重大犯罪案件，为受害者及其亲友伸张正义的人怀有最由衷的敬佩。他们值得我们感激。不过最重要的是，我会记住那些逝者，他们改变了我的生活。

致谢

我要感谢我的法医人类学家同事和朋友"苏菲"（书中使用了化名），她对我来说非常重要，在这条布满荆棘的、泥泞黑暗的道路上指引我前行。法医专家和警方人员的工作非常艰巨；任何能够处理谋杀等严重犯罪案件并保持冷静的人都值得我们尊敬和感谢。我无数次与警探、警方搜查顾问和犯罪现场管理人一起站在冰冷的路边，这些经历让我学到很多，非常感谢他们所有人！

特别感谢我的前编辑泽娜·阿尔卡亚特，没有她就不会有这本书。还要感谢苏珊娜·奥特，她接受了担任我的编辑的挑战；还有史蒂夫·伯德特，他给予了一些编辑指导意见。非常感谢我可爱的经纪人道格拉斯·基恩，他勇敢地顶住了我偶尔的咆哮，有时候还会喝着一两杯葡萄酒听我胡扯。还有我亲爱的伴侣爱德华，我深深地感谢伴侣的爱和耐心，以及对本书各阶段草稿的建设性批评。还要感谢我热爱藏书的朋友黛比，她告诉我，这本书的初稿"不是狗屎"——从她嘴里说出来，这句话已经算是褒扬了，也激励了我继续努力！我还要表达对我的妈妈和家人深深的爱，他们大多神经脆弱，无法阅读这本书。感谢我在自然历史博物馆的前同事和朋友，特别是朱莉·格雷、戴夫·威廉姆斯、马丁·霍尔和阿莫雷特·惠特克。书中涉及中国植物的部分，也感谢陈先生（Wenbo Chen）的翻译。

这本书不是一本学术著作，我很早就决定了将书中大部分人匿名处理，包括活着的和死去的人。也有例外，主要是我没有参与过的那些已经公开的案件。因此，我没有提到许多为环境法医学的发展做出了贡献的杰出科学家。为弥补这一过失，也为了让好奇的读者了解更多，这里列出一份简短的阅读书目。

阅读书目

·《法医微生物学》[*Forensic Microbiology*；《聚焦法医学》丛书（*Forensic Science in Focus*）]。David O. Carter、Jeffery K. Tomberlin、M. Eric Benbow、Jessica L. Metcalf 编著，2007 年。

·《法医植物学实用指南》[*Forensic Botany: A Practical Guide*；《基础法医学》丛书（*Essential Forensic Science*）]。David W. Hall、Jason Byrd 著，2012 年。

·《法医学——科学与刑侦技术导论》（*Forensic Science: An Introduction to Scientific and Investigative Techniques*）。Stuart H. James、Jon J. Nordby、Suzanne Bell 著，2014 年。

·《法医生态学手册——从犯罪现场到法庭》[*Forensic Ecology Handbook: From Crime Scene to Court*；《法医学发展》丛书（*Developments in Forensic Science*）]。Julie Roberts、Nicholas Márquez‐Grant 著，2012 年。

·《痕迹——一位法医学家、刑事调查员的回忆录》（*Traces: The memoir of a forensic scientist and criminal investigator*）。Patricia Wiltshire 著，2019 年。